Bernadette Grießmair

Streiten, aber fair!

Gruppenspiele zur
Konfliktlösung in der Kita

erlag an der Ruhr

Impressum

Titel
Streiten, aber fair!
Gruppenspiele zur Konfliktlösung in der Kita

Autorin
Bernadette Grießmair

Cover-Illustration und Illustrationen im Innenteil
Petra Lefin

Umschlaggestaltung
Magdalene Krumbeck

Innengestaltung
Margit Dittes

Verlag an der Ruhr
Mülheim an der Ruhr
www.verlagruhr.de

Geeignet für Kinder von 3 – 6 Jahren

Unser Beitrag zum Umweltschutz
Wir sind seit 2008 ein ÖKOPROFIT®-Betrieb und setzen uns damit aktiv für den Umweltschutz ein.
Das ÖKOPROFIT®-Projekt unterstützt Betriebe dabei, die Umwelt durch nachhaltiges Wirtschaften zu entlasten.
Unsere Produkte sind grundsätzlich auf chlorfrei gebleichtes und nach Umweltschutzstandards zertifiziertes
Papier gedruckt.

Urheberrechtlicher Hinweis
Das Werk und seine Teile sind urheberrechtlich geschützt. Jede Verwendung in anderen als den gesetzlich
zugelassenen Fällen bedarf der vorherigen schriftlichen Einwilligung des Verlages. **Bitte beachten Sie die
Informationen unter** schulbuchkopie.de.
Der Verlag untersagt ausdrücklich das Herstellen von digitalen Kopien, das digitale Speichern und Zurverfügung-
stellen dieser Materialien in Netzwerken (das gilt auch für Intranets von Schulen und sonstigen Bildungseinrich-
tungen), per E-Mail, Internet oder sonstigen elektronischen Medien.
Kein Verleih. Keine gewerbliche Nutzung.
Zuwiderhandlungen werden zivil- und strafrechtlich verfolgt.

© **Verlag an der Ruhr 2013**
978-3-8346-2363-8

Printed in Germany

Inhaltsverzeichnis

Ein paar Worte vorab … 5
Warum dieses Buch? 6

Gut zu wissen, bevor Sie starten! 7
Zum Inhalt dieses Buches 7
Konflikte als Chance 9
    Konflikte bei Kita-Kindern 9

So arbeiten Sie mit diesem Buch 12
    Was braucht Ihre Gruppe, was brauchen Sie? 12
    Welche Kinder wählen Sie aus? 12
    Wie oft sollten Sie mit den Kindern arbeiten? 13
    Wie gestalten Sie eine Einheit? 13
    Was passiert mit den anderen Kindern? 14
Zur Orientierung: So ist dieses Buch aufgebaut 16
Das nehmen Sie mit auf Ihren Weg 17

1 Wir kennen deinen Namen und wissen, wer du bist! 19
Spiele, Spiele, Spiele … 21
Weitere Praxisimpulse 33
Ein Stundenvorschlag 35

2 Wir nehmen einander wahr und wissen, wie du bist! 37
Spiele, Spiele, Spiele 39
Weitere Praxisimpulse 48
Ein Stundenvorschlag 50

3 Wir hören dir gut zu und verstehen, was du sagen willst! 51
Spiele, Spiele, Spiele 53
Weitere Praxisimpulse 66
Ein Stundenvorschlag 67

4 Wir fühlen uns in dich ein und wissen, wie es dir geht! 69

    Spiele, Spiele, Spiele 71
    Weitere Praxisimpulse 80
    Ein Stundenvorschlag 83

5 Wir alle sind anders, aber du gehörst zu uns! 85

    Spiele, Spiele, Spiele 87
    Weitere Praxisimpulse 98
    Ein Stundenvorschlag 100

6 Wir setzen einander Grenzen, aber wir verletzen uns nicht! 101

    Spiele, Spiele, Spiele 103
    Weitere Praxisimpulse 113
    Ein Stundenvorschlag 115

7 Wir sind nicht einer Meinung, aber wir können Konflikte lösen! 117

    Spiele, Spiele, Spiele 119
    Bevor Sie in die Mediation einsteigen … 126
    5 Schritte der Mediation 128
    Weitere Praxisimpulse 130
    Ein Stundenvorschlag 133

Medientipps 134

Endnotenverzeichnis 135

Danksagung 135

Ein paar Worte vorab ...

Um ein Kind zu erziehen,
braucht es ein ganzes Dorf.
(aus Afrika)

Wie kann man Vorschulkinder im Bereich der sozialen Kompetenz unterstützen und fördern? Wie kann man sie zu Menschen erziehen, die im sozialen Miteinander brauchbare Handlungsstrategien erwerben? Wie kann man ihnen helfen, Menschen zu werden, die Konflikte konstruktiv lösen können?

Dieses Bildungsziel ist sicherlich jeder Erzieherin bekannt und in der täglichen Arbeit auch gang und gäbe. Viele Fertigkeiten in diesem Bereich vermitteln Sie den Kindern intuitiv und im Alltag ganz nebenbei. In der täglichen Auseinandersetzung mit der Kindergruppe, zu denen Kinder verschiedenen Geschlechts, verschiedener Herkunft und Kultur gehören, haben die Kita-Kinder ein enormes Lernfeld, das jedes Kind in seiner Individualität zu nutzen vermag. Zwangsläufig ergeben sich tagtäglich Situationen, in denen das Kind die eigene Meinung vertreten soll, Konflikte austragen muss, sich auf Handlungen anderer einstellen soll und noch vieles mehr. Gelingt es einem Kind, gut und souverän zu agieren und zu reagieren, wird es Ihnen vielleicht gar nicht auffallen – Sie nehmen sein Verhalten als selbstverständlich hin, schreiben dem Kind soziale Kompetenz zu. Klappt es aber nicht so gut, so werden Sie hellhörig und machen sich Gedanken nach dem Warum. In Konfliktsituationen fallen immer besonders jene Kinder auf, die grob werden, um ihren Willen durchzusetzen; weniger jedoch bemerkt man die Kinder, die sich zurückziehen, nichts sagen und nachgeben.

Sobald Sie erkennen, dass ein Kind Schwierigkeiten in diesem Bereich hat, fragen Sie sich: Was kann ich dem Kind zur Unterstützung anbieten? Wie kann ich ihm helfen, sich im Bereich der sozialen Kompetenz weiterzuentwickeln? Hier brauchen Sie nun die passenden Anregungen, Impulse und ein paar nützliche Literaturtipps, die Sie in diesem Buch finden können.

Ein paar Worte vorab ...

Warum dieses Buch?

Im Rahmen meiner Ausbildung zur Mediatorin habe ich mich intensiv mit verschiedensten Programmen beschäftigt, die im Bereich Konfliktlösung in der Schule schon gut laufen. Viele dieser Streitschlicher-Programme berufen sich auf mehr oder weniger große Erfolge. Die Kita ist hinsichtlich solcher Angebote deutlich „unterbesetzt". Dabei bringen Kinder im Vorschulalter viele Voraussetzungen mit, um konstruktiv Konflikte lösen zu können. Einfühlsam zu sein, Gefühle zu spiegeln, Probleme zu bewältigen – dies sind Fähigkeiten, die Kita-Kinder bereits in Ansätzen schaffen. Geht es aber um die Vermittlung von Grundtechniken der Kommunikation, wie aktives Zuhören, Gefühle angemessen ausdrücken usw., so brauchen die Kinder Ihre Begleitung und Unterstützung.

Mit diesem Buch möchte ich Ihnen ein Handwerkzeug anbieten, mit dem Sie die Schlüsselqualifikation „Soziale Kompetenz" in ihre Bildungsarbeit noch besser, vor allem aber bewusster, einbauen können.

Ich habe Ihnen hier ein Angebot an Spielen, Anregungen und weiteren Praxisimpulsen zusammengestellt. Sie können die Ideen ohne großen Aufwand flexibel in Ihren Kita-Alltag integrieren.

Weil ich es selbst in meiner pädagogischen Praxis immer als einengend empfunden habe, wenn ich schon in der Einleitung eines Mediationsprogramms darauf hingewiesen wurde, dass Kapitel 3 nur fruchtbringend ist, wenn ich zuerst Kapitel 1 und 2 durchgearbeitet habe, möchte ich Ihnen mit meinem Buch ein offenes Konzept zum Thema Konfliktlösung mit Kita-Kindern anbieten. Nutzen Sie gerne die Gelegenheit, jederzeit auch eigene Ideen einzubringen, um immer auch auf die Bedürfnisse Ihrer besonderen Kindergruppe eingehen zu können.

Nur Mut, Sie kennen Ihre Kita-Kinder am besten und wissen sicher genau, welche Spiele und Anregungen aus diesem Buch gerade die richtigen sind.

Ich wünsche Ihnen beim Lesen und Ausprobieren nun viel Freude mit Ihren Streitschlichter-Kindern!

Bernadette Grießmair

Gut zu wissen, bevor Sie starten!

*Ehe man anfängt, seine Feinde zu lieben,
sollte man seine Freunde besser behandeln.
(Mark Twain)*

Zum Inhalt dieses Buches

Nur wenn ein Kind ohne Angst mit anderen in Kontakt treten kann, offen für Neues ist und eine Kommunikationsbasis aufbauen kann, kann es Fertigkeiten für ein gelingendes soziales Miteinander erlernen. Um angstfrei agieren zu können, braucht das Kind ein positives Selbstkonzept. Aus diesem entsteht Selbstvertrauen, und Selbstvertrauen ist wiederum die Voraussetzung für Selbstsicherheit.

Das erste Kapitel dient ausschließlich dem Kennenlernen der eigenen Person, der Entwicklung des Selbstkonzeptes und, ausgehend von dessen Festigung, der Kontaktaufnahme mit dem Gegenüber, dem gegenseitigen Kennenlernen.

Doch worin zeigt sich sozial kompetentes Verhalten eigentlich? Ein Kind, das sozial kompetent ist, kann[1]

- **sich verständlich machen** und kann sein eigenes Wissen, seine Meinungen und Wünsche in der Gruppe einbringen.

- **zuhören**, andere Gruppenmitglieder beobachten, Ereignisse und gruppendynamische Prozesse wahrnehmen.

- **Kritik akzeptieren**, ist offen für Anregungen von außen und ist bereit, sich mit anderen auseinanderzusetzen.

- eigene **Handlungsmöglichkeiten und Verantwortlichkeiten erkennen** und wahrnehmen, sich auf Handlungen anderer einstellen und sich anpassen.

- **Beziehungen aufnehmen und gestalten**, sich in der Gruppe zurechtfinden, situationsangepasst Kritik üben und sich in gruppendynamischen Prozessen angemessen verhalten.

- **sich auf andere einstellen und Konflikte situationsgerecht angehen**; es behält eine gute Balance zwischen Engagement und Abgrenzung und ist sich seiner eigenen Möglichkeiten und Grenzen bewusst.

Die sechs Fertigkeiten beinhalten im Großen und Ganzen alle Bereiche, die man sich von sozial kompetenten Menschen mit guter Konfliktfähigkeit wünschen würde. Im Praxisteil werden die unterschiedlichen Angebote auf die Förderung dieser einzelnen Teilaspekte eingehen.

Das unterhaltsamste Spielzeug
eines Kindes
ist ein anderes Kind.
(George Bernard Shaw)

Es lässt sich an diesen sechs Fertigkeiten außerdem erkennen, dass soziales Lernen viel mit Reden, einander Zuhören, ganz einfach mit meinen Ausdrucksfähigkeiten und Regeln im kommunikativen Miteinander zutun hat. Das dritte Kapitel wird sich daher mit der Kommunikation in der Gruppe beschäftigen.

Für ein erfolgreiches soziales Miteinander ist es bedeutsam, dass das Kind zum einen lernt, sich selbst zu (er)kennen. Zum anderen geht es immer auch darum, andere zu erkennen und ihr Verhalten in bestimmten Situationen zu verstehen. Die Anregungen in diesem Buch berücksichtigen beide Aspekte. Im ersten Kapitel geht es deswegen darum, sich selbst kennenzulernen, im dritten oder fünften Kapitel geben die Spiele und Anregungen Impulse zum Zwischenmenschlichen.

Sei du selbst die Veränderung,
die du dir wünschst für diese Welt.
(Mahatma Gandhi)

Um die soziale Kompetenz auf eine greifbare Formel zu bringen: Kinder, die sozial kompetent sind, finden eine gute Balance zwischen Anpassung und Durchsetzungsvermögen. Sie können ihre eigenen Bedürfnisse wahrnehmen, können sie verbal ausdrücken und in einem letzten Schritt auch umsetzen, ohne dabei die Bedürfnisse anderer Menschen mit Füßen zu treten. Diese Kinder zeigen ein hohes Maß an Mitmenschlichkeit, Toleranz und Solidarität. Eben diese „guten" Werte und der Anspruch, Kindern solche Werte auf ihren Lebensweg mitzugeben, hat mich in meiner Arbeit bisher immer geleitet.

Konflikte als Chance

Konflikte sind nicht zwangsläufig negativ zu bewerten. Eine Gesellschaft ohne Konflikte wäre eine tote Gesellschaft, denn Konflikte sind für unser Zusammenleben und für die Weiterentwicklung von Ideen und Visionen erforderlich. Sie helfen uns, unterschiedliche Sichtweisen zu hinterfragen und Veränderungen herbeizuführen.

Nur wer miteinander gestritten hat,
kennt sich wirklich.
(aus China)

Konflikte, sind sie dann einmal da, wollen bewältigt werden. Dafür gibt es bekanntlich verschiedene Mittel und Wege. Eine faire, gewaltfreie Auseinandersetzung mit dem Problem ist hierbei natürlich wünschens- und erstrebenswert.

Konflikte bei Kita-Kindern

Streit unter Kindern gehört zweifelsohne zu einer gesunden Entwicklung. Hier stehen Sie vor der wichtigen Aufgabe, die kindliche Wut und Streitlust wahrzunehmen und auch zuzulassen. In Ihrer Vorbildfunktion können Sie Kindern aufzeigen, dass nicht der Konflikt als solcher das Problem ist, sondern, wie ich damit umgehe. Erwachsene sollen Kindern vorleben, dass man solche Momente aushalten und durchstehen kann. Kinder müssen die Gewissheit haben, dass sie sich Unterstützung holen dürfen, wenn sie sie brauchen, dass Erwachsene ihnen aber auch zutrauen, dass sie ihre Konflikte selbst konstruktiv lösen.

Die durchschnittliche Anzahl von Konflikten bei Vorschulkindern schwankt zwischen fünf und acht pro Stunde[2]. Bei einer Maximalzahl von 25 Kindern pro Gruppe können Sie sich leicht ausrechnen, wie oft Sie am Tag mit der Aufgabe beschäftigt wären, bei Streitfällen zwischen zwei bzw. mehreren Kindern zu vermitteln, wenn Sie auch nur bei einem Bruchteil der Situationen wirklich aktiv eingreifen müssten.

In vielen Momenten werden sich die Kinder selbst organisieren, selbst schnell eine Lösung finden und dann weiterspielen. Droht jedoch beispielsweise die Verletzungsgefahr eines Kindes, müssen Sie unmittelbar eingreifen. Manchmal kann es auch sein, dass die Zeit für langes Aushandeln nicht mehr da ist, und dann sagen Sie einfach, was zu tun ist.

Die konfliktgeladenen Situationen sind also vielfältig und nie unmittelbar miteinander zu vergleichen. Ob Sie einschreiten und eine Lösung diktieren oder dazwischengehen und den Kindern dann die Möglichkeit geben, das Problem selbst zu lösen, wobei Sie sie darin begleiten, oder ob Sie sich einfach ganz raushalten, dazu gibt es kein Patentrezept. Die Entscheidung fällt meist spontan, hängt viel von Ihrer eigenen Persönlichkeit und Ihrer Einstellung zu Konflikten ab und ist letztlich auch immer Resultat der Tagesverfassung: Ein langer Kindergartentag mit immer den gleichen Schwierigkeiten, die sich durch Konflikte ergeben, immer den gleichen Kindern, die in die Konflikte verwickelt sind, zehrt manchmal auch an der Substanz.

Die nachfolgenden Reflexionsfragen helfen Ihnen vielleicht dabei, für sich selbst oder im Austausch mit Ihrem Team über Ihr eigenes Streitschlichterverhalten bei Kinderkonflikten nachzudenken.

Eigenreflexion bzw. Teamreflexion:
Welche Herangehensweise ist für Sie im Umgang mit Kindern üblich?

- Ich gebe auf keinen Fall nach. Ich versuche, fair und ehrlich mit den Kindern zu sein, aber sie brauchen eine klare und bestimmte Orientierung, was geht und was nicht geht.

- Ein Konflikt zeigt, dass ein Problem besteht. Anstatt dass sich die Kinder streiten und schlagen, versuche ich, eine Situation herzustellen, in der wir den Konflikt lösen können.

- Ich höre den Kindern zu und unterstütze sie dabei, dass sie einander zuhören. Dann helfe ich ihnen, nachzugeben und einen Kompromiss zu finden. Wir können ja nicht alles haben, was wir uns wünschen.

- Ich mag es, wenn es so gut wie möglich ruhig und friedlich bleibt. Die meisten Konflikte der Kinder sind relativ unbedeutend und unwichtig, sodass ich die Aufmerksamkeit einfach auf etwas anderes lenke.

- Ich zeige die Grenzen auf und lasse die Kinder selbst herausfinden, was für sie gut und nicht gut ist. Sie müssen ja die Konsequenzen ihres Verhaltens erleben und sehen. Außerdem kann man bei Konflikten zwischen Kindern sowieso nicht so viel erreichen.

Entlastung kann man einerseits erfahren, wenn man sich im Team über gewisse einheitliche Vorgangsweisen in Konfliktsituationen einigt, also eine ähnliche Haltung vertreten kann. Andererseits sollte man nicht die Kindergruppe vergessen, wo sicher das eine oder andere Kind darunter ist, dessen soziale Fähigkeiten in Konfliktsituationen man als wertvolle Ressourcen nutzen kann. Dabei möchte ich betonen, dass man die Verantwortung nicht an Kinder abgeben soll, diese wären damit sicherlich überfordert. Es hat sich aber gezeigt, dass Gleichaltrige ihre Freunde anders ansprechen und erreichen können als manch Erwachsener. Was bringt es Ihnen, wenn Sie viel Energie investieren, um eine Kita-Regel zum zehntausendsten Mal zu erklären, wenn ein anderes Kind mit drei Sätzen nahebringen kann, warum es wichtig ist, die besagte Regel einzuhalten. Und wenn diese Regel dann auch noch kommentarlos akzeptiert wird? Wir dürfen nicht vergessen, dass Kinder in der Regel die Positionen der Konfliktparteien besser verstehen als wir Erwachsene und dass sie vor allem „Kindersprache" sprechen und auch eher von anderen Kindern als neutrale Personen anerkannt werden. Diese Erkenntnisse aus der Peerforschung konnten immer wieder beobachtet und belegt werden. Nutzen Sie sie doch für Ihre tägliche Arbeit im Kita-Alltag.

So arbeiten Sie mit diesem Buch

Bevor Sie zusammen mit den Kindern ins Thema einsteigen, sollten Sie in Ihrem Team die **Rahmenbedingungen** für Ihre Streitschlichter-Stunden klären. Folgende Fragen können Ihnen hierbei eine Richtung weisen:

Was braucht Ihre Gruppe, was brauchen Sie?

Wie schon im Vorfeld erwähnt, möchte ich keinesfalls einen bestimmten Ablauf vorschlagen, sondern auf die Bedürfnisse der jeweiligen Gruppe verweisen, denn die didaktischen Angebote sollten immer auf die aktuellen Bedürfnisse Ihrer Gruppe abgestimmt sein. Machen Sie sich daher vorher schon Gedanken, welches Ziel Sie verfolgen möchten, was Ihre Gruppe momentan dazu braucht: Welche Themen verfolgen die Kinder aktuell? Geht es eher um die Frage „Welchen Platz habe ich in der Gruppe?" oder steht vielmehr Konkurrenzdenken im Vordergrund? Je näher Sie an das Bildungs- bzw. Lebensthema des Kindes herankommen, desto gezielter können Sie es in seiner Entwicklung unterstützen.

Welche Kinder wählen Sie aus?

Nun gilt es, zu entscheiden, ob Sie ausgewählte Angebote immer wieder im Tagesablauf einstreuen und allen Kindern Elemente des sozialen Lernens anbieten oder ob Sie sich dazu entscheiden, mit einer bestimmten Gruppe von Kindern am Thema zu arbeiten. Wenn Sie sich für die Zweite entschieden haben, müssen Sie eine Auswahl treffen, welche Kinder in die Kleingruppe kommen und mitarbeiten sollten.

Empfehlen kann ich Ihnen meiner Erfahrung nach die Arbeit in einer Kleingruppe von max. 10 Kindern. Wichtig ist, dass Sie dabei auf eine ausgewogene Mischung achten: Kinder mit sozialen Schwierigkeiten profitieren von jenen, die schon fitter in diesem Bereich sind. Letztere können Sie als Erzieherin enorm unterstützen, da sich gezeigt hat, dass Vorschläge von Gleichaltrigen auch besser angenommen werden.

Je nach Anspruchsniveau sollten Sie bei der Auswahl der Kindergruppe das Alter bedenken, wobei die Altersspanne nicht zu groß sein sollte. Einfache Elemente kann man sicher mit 3- und 4-Jährigen schaffen. Wenn es um die fundierte Auseinandersetzung geht, bei der in Gesprächen ein gewisses Sprachniveau nötig ist, sollten Sie das Angebot eher für die Vorschulkinder machen.

Wie oft sollten Sie mit den Kindern arbeiten?
Wollen Sie mit Ihren Kita-Kindern im Bildungsbereich „Soziales Lernen" arbeiten, so empfiehlt es sich, dass Sie sich mit der ausgewählten Gruppe mindestens einmal pro Woche treffen und intensiv arbeiten. Dies ist laut meiner Erfahrung so lange nötig, bis Sie sich ein bestimmtes Repertoire an Praxiselementen angeeignet haben. Erfolgt die Schwerpunktsetzung bereits über Jahre, so berichten Erzieherinnen aus der Praxis, sei es möglich, aus dem Erfahrungsschatz zu schöpfen und im täglichen Miteinander immer wieder auf das Thema „Soziales Lernen" einzugehen, indem Sie, je nach Zeitfenster, passende Elemente spontan und zwischendurch in Ihren Tagesablauf einbinden. Soziales Lernen passiert nämlich nicht nur einmal wöchentlich, sondern in jeder Minute des Kita-Alltags.

Praxis-Tipp
Bereiten Sie die Streitschlichter-Stunden gut vor. Suchen Sie im Vorfeld nach passenden Spielen und Impulsen für Ihre Kindergruppe. Wenn Sie im Vorfeld Ihre Ziele klar formulieren und aufschreiben, fällt es Ihnen leicht, passende Angebote auszuwählen und die Streitschlichterstunden zu reflektieren bzw. die Fortschritte der Kinder zu bewerten und zu dokumentieren.

Wie gestalten Sie eine Einheit?
Die Gestaltung beginnt mit der Auswahl eines Themenschwerpunktes, anhand dessen Sie ein Ziel für Ihre Streitschlichter-Gruppe formulieren. Fragen Sie sich: Was möchte ich erreichen, bzw. was sollen Kinder lernen? Anhand dieser Fragen wählen Sie nun passende Spiele und Impulse aus. Achten Sie hierbei darauf, dass Sie eine gute Mischung finden zwischen Bewegungsangeboten, Diskussionen, Bilderbüchern, Geschich-

ten oder kreativen Angeboten und dass Sie die Dauer der Streitschlichter-Stunde auf die Gruppe abstimmen.

Die Streitschlichter-Stunde soll Ritualcharakter bekommen, daher empfiehlt es sich, immer auf die gleiche Weise zu beginnen: Steigen Sie zum Beispiel immer mit einem Spiel ein, das Sie den Kindern vorschlagen. Oder singen Sie immer gemeinsam ein bestimmtes Lied. So erleben die Kinder den Phasenübergang in die Streitschlichterstunde bewusst und können leichter ins Thema einsteigen bzw. lassen sich leichter auf das ein, was sodann folgt. Bevor Sie eine Streitschlichter-Stunde beschließen, können Sie die Stunde zusammen mit den Kindern rekapitulieren. Sprechen Sie gemeinsam darüber, was sie zuvor gemacht haben. Fragen Sie sie, wie es ihnen gefallen hat, was sie gut fanden, was weniger oder auch, was sie Neues gemacht und gelernt haben. Sprechen Sie auch mit den Kindern darüber, welche Anknüpfungspunkte es in ihrem Leben für das gibt, was sie gerade gelernt haben. Bevor Ihre Streitschlichter-Gruppe auseinandergeht, schafft ein kleines Ritual wieder einen vertrauten Abschluss. Das kann wieder ein bekanntes Spiel oder ein bewährter Streitschlichter-Spruch (Sie finden auch ein paar Sprüche in den Kapiteln dieses Buches) o. Ä. sein.

Gut zu wissen

Um den Einstieg zu erleichtern, finden Sie am Ende jedes Kapitels einen Vorschlag für die Gestaltung einer Streitschlichter-Stunde, die Sie mit einer kleinen Kindergruppe halten können.

Was passiert mit den anderen Kindern?
Ganz allgemein lässt sich sagen, dass die Auseinandersetzung mit dem Thema letztlich allen zugutekommt – auch jenen Kindern, die nicht in der Kleingruppe arbeiten. Die Themen werden sicher auch in der Großgruppe diskutiert, Erkenntnisse und Einsichten der Kinder übertragen sich auch auf den Rest der Gruppe. Indem Sie einfache Spiele aus der Kleingruppe immer wieder im Alltag bei kleinen Zeitfenstern und Übergängen für die ganze Gruppe einstreuen, können die Kinder aus der Kleingruppe ihren Wissensvorsprung nutzen. Sie können den anderen Kindern

erklären, worum es in einem Spiel geht, was wichtig ist, zu beachten bzw. welchen Beitrag zum Gelingen jeder machen muss. Auf Grund der Verbalisierung gemachter Erfahrungen und Erkenntnisse erreicht das Lernen bei den Kindern noch eine weitere, höhere Dimension.

Aus der Praxis

Anna ist Mitglied der Streitschlichter-Gruppe, die sich regelmäßig in der Kita trifft. Immer wieder bringt sie Dinge, die sie hier gelernt hat, in verschiedenen Situationen des Kita-Tages ein. Die anderen Kinder fragen die kleine Streitschlichter-Expertin öfters mal, ob sie ihnen in bestimmten Situationen helfen könne. Anna zeigt dabei ein großes Gespür für die Anliegen der anderen Kinder. Sie schafft es, gezielte Fragen zu stellen, und die anderen Kinder nehmen ihre Lösungsvorschläge gerne an. Anna ist eine große Unterstützung für Klein und Groß.

Zur Orientierung: So ist dieses Buch aufgebaut

Jedes Kapitel in diesem Buch fokussiert einen besonderen Schwerpunkt der sozialen Kompetenzförderung. Im **ersten Kapitel** geht es darum, die Selbstwahrnehmung der Kinder zu fördern und das Selbstvertrauen zu entwickeln. Im **zweiten Kapitel** sollen die Kinder ein Gespür für ihr Gegenüber bekommen. Hier geht es darum, den anderen mit allen Sinnen wahrzunehmen. Im **dritten Kapitel** lernen die Kinder, den anderen aktiv zuzuhören und sensibel zu sein für fremde Gefühle und Bedürfnisse. Im **vierten Kapitel** setzen sich die Kinder aktiv mit den Gefühlen anderer (und auch ihren eigenen) auseinander und lernen, sich in andere hineinzuversetzen (Empathie). Im **fünften Kapitel** stärken die Kinder ihr Selbstbewusstsein, indem sie sich selbst als wertvollen Teil einer vielfältigen Gruppe erleben. Im **sechsten Kapitel** erproben die Kinder, wie sie ihren Standpunkt vertreten können, eigene Grenzen zeigen können, ohne dabei die Grenzen anderer Kinder zu überschreiten. Im **siebten Kapitel** schließlich lernen die Kinder, Konflikte selbstständig, fair und gewaltfrei zu lösen, indem sie Lösungen aushandeln und Streitschlichter-Techniken anwenden.

Beim **Aufbau der einzelnen Kapitel** habe ich mich für eine klare Strukturierung entschieden. Diese sollte einen guten Überblick über den Inhalt geben. Nach einem kurzen **theoretischen Kapiteleinstieg** lesen Sie in einer übersichtlichen Tabelle, welche **Ziele** das jeweilige Kapitel mit seinen Anregungen und Spielen verfolgt. Im Anschluss finden Sie im Abschnitt **„Spiele, Spiele, Spiele"** immer eine Auswahl von Spielen mit Spielanleitung sowie Angaben zu Alter, Gruppenformen, Spieldauer und Materialangaben. In einem weiteren Abschnitt **„Weitere Praxisimpulse"** finden Sie

 Verse und Sprüche   Fingerspiele

 Lieder   Literaturtipps

 Vorschläge für Gesprächsrunden   Spielmaterialien

Damit können Sie Ihre Streitschlichter-Stunden abwechslungsreich gestalten, finden Rituale zum Einstieg oder ergänzende Impulse für situative Anlässe.

Ein exemplarischer **Stundenvorschlag** zum Abschluss rundet jedes Kapitel ab. Verstehen Sie diese Stundenbeispiele aber bitte nur als Vorschlag, und ergänzen oder verändern Sie sie so, wie Sie es für Ihre Kindergruppe für richtig befinden.

Das nehmen Sie mit auf Ihren Weg

Die „Königsdisziplin" – so möchte ich sie einfach nennen – ist die Fähigkeit Ihrer Kita-Kinder, Konfliktsituationen konstruktiv zu begegnen. Um dies selbstständig bewältigen zu können, brauchen die Kinder natürlich ein gutes Selbstkonzept, ausgeprägte kommunikative Fähigkeiten, Kooperationsbereitschaft und vieles mehr. Damit Sie sie in eben diesen Fähigkeiten und Eigenschaften stärken können und sie auf ihrem Weg zu kompetenten Streitschlichtern begleiten können, finden Sie insbesondere im siebten Kapitel hilfreiche Anregungen, Impulse, Spiele und Tipps. Und behalten Sie in Ihrem turbulenten Kita-Alltag immer im Blick: Konflikte sind immer auch Chancen – versuchen wir es doch, Kindern die Chance zu geben, an ihren Konflikten zu wachsen!

Und nun lassen Sie sich ein auf das spannende und wichtige Thema „Soziale Kompetenzförderung". Seien Sie mutig, und probieren Sie die Ideen in diesem Buch gemeinsam mit Ihren Kindern aus. Und: Bewahren Sie sich stets eine große Portion Gelassenheit und Humor. Dabei wünsche ich Ihnen und Ihren Kindern viel Freude!

Wir kennen deinen Namen und wissen, wer du bist!

Ich bin ich, du bist du,
Einzigartigkeit gehört zum Leben eben dazu.
(Unbekannt)

Kommt ein Kind zur Welt, hat es noch kein Bewusstsein von sich selbst. Doch schon in den ersten Lebensmonaten lernt das Kind: ICH bin jemand, ICH kann etwas bewirken. Das körperliche ICH-Gefühl entwächst in den ersten Jahren durch das aktive Tun, das immer weiter zunimmt. Bezeichnet sich das Kind zum ersten Mal mit dem Pronomen „ich", so kann es klar die Grenzen zwischen sich selbst und einer anderen Person wahrnehmen. Nach dem **Selbstbewusstsein** entwickelt das Kind die **Selbsterkenntnis** (Was macht mich als Person aus?) und schließlich das **Selbstwertgefühl** (Wie viel bin ich wert?).

Unmittelbar mit der Person verbunden ist auch der Name. Er stiftet Identität. Durch ihn kommt das Kind aktiv mit den anderen Menschen in Berührung, indem es andere bei seinem Namen nennt und selbst mit seinem Namen angesprochen wird.

Im ersten Kapitel dreht sich nun alles um das Thema Selbst- und Fremdwahrnehmung. Dabei werden drei Schwerpunktbereiche fokussiert: Einmal helfen die Spiele dabei, die Kinder in ihrem **ICH-Bewusstsein** zu stärken. Danach wird das Augenmerk auf das **gegenseitige Kennenlernen** gelegt. Hierbei geht es um das DU in Abgrenzung zum ICH. Einige Spiele beschäftigen sich schließlich noch mit dem Thema **Geschlechtsidentität**.

Wir kennen deinen Namen und wissen, wer du bist!

Das lernen die Kinder in diesem Kapitel:

- Sie bekommen ein Bewusstsein von der eigenen Person.
- Sie lernen, sich als Person wertzuschätzen.
- Sie lernen, dass ihr Name untrennbar mit ihrer Person verbunden ist.
- Sie lernen die Namen aller anderen Kinder kennen.
- Sie gewinnen einen Eindruck von den anderen Kindern der Gruppe.
- Sie versuchen, einen (ihren) Platz in der Gruppe zu finden.
- Sie erkennen, dass jedes Kind so sein darf, wie es ist.
- Sie lernen ihre Geschlechterrolle kennen und versuchen, die Rolle des anderen Geschlechts zu akzeptieren.

Spiele, Spiele, Spiele …

Mein Steckbrief

Sozialform: Kleingruppe
Alter: ab 3 Jahre
Material: Steckbrief (Anregungen siehe Praxiseinheit auf Seite 36)
Zeit: ca. 20–25 Minuten

So geht's:

Erklären Sie den Kindern, dass alle heute einen Steckbrief gestalten. Was muss in dem Steckbrief stehen, damit alle erkennen, dass man selbst damit gemeint ist? In der Kleingruppe besprechen Sie die einzelnen Punkte, z. B.: Was ist deine Lieblingsfarbe, welche ist meine? etc. Stellen Sie dann gemeinsam heraus, was mehrere Kinder gemeinsam haben, worin sich die Kinder unterscheiden. Den Steckbrief können Sie im Gruppenraum aufhängen oder im Portfolio ablegen.

Variation:

Bei einem Elternabend können Sie den Eltern denselben Steckbrief vorlegen, den sie unmittelbar ausfüllen sollen. Danach füllen die Kinder in der Kita den Steckbrief aus. Wo unterschieden sich die Angaben? Wo wussten die Eltern gut über ihr Kind Bescheid, wo waren sie sich nicht so sicher?

Meine Schatzschachtel

Sozialform: Großgruppe
Alter: ab 3 Jahre
Material: eine Schatzkiste für jedes Kind (Schuhkarton o. Ä.)
Zeit: je nach Anlässen

So geht's:

Die Kinder gestalten eine kleine Schachtel, die sie als Schatzschachtel bezeichnen. Besprechen Sie dann mit den Kindern, dass darin besonders wertvolle Sachen ihren Platz finden werden. Die Kinder dürfen zu jeder Gelegenheit persönliche Sachen in ihre Schatzschachtel legen. Im Morgenkreis zeigen sie diese Sachen einander und erzählen den anderen Kindern, warum gerade dieser „Schatz" so wertvoll ist. Sprechen Sie auch darüber, welche Schätze ebenso wertvoll sind, auch wenn man sie nicht anfassen und in eine Schachtel stecken kann.

Extra-Tipp für Sie

Auch Erwachsene können sich eine persönliche „Schatzkiste" anlegen. Als Einstieg für eine Teambesprechung oder einen Elternabend können Sie Ihre „Schätze" heben, und vielleicht entdecken Sie auf diese Weise ungeahnte Ressourcen.

Das Liebste an dir

Sozialform: Kleingruppe
Alter: ab 5 Jahre
Material: Fotos der Kinder
Zeit: je nach Anzahl der Kinder

So geht's:

Die Kinder versammeln sich im Kreis. Besprechen Sie mit den Kindern, dass alle heute darauf schauen, was sie bei einem anderen Kind besonders gern haben bzw. was ein anderes Kind besonders gut kann. Nun wird das Foto des Kindes in die Mitte gelegt, und alle dürfen sich melden. Danach ist das nächste Kind mit seinem Foto an der Reihe. Sollte bei einem Kind nicht so viel an Rückmeldungen kommen, können Sie auch etwas „aushelfen".

Man kann natürlich auch einen Stuhl in die Mitte stellen, auf den sich das Kind setzen kann. **Achtung:** Nicht alle Kinder fühlen sich hierbei wohl. Jedes Kind darf daher selbst entscheiden, wo es sitzen mag.

 Praxis-Tipp

Die Aussagen kann man auch auf einem Diktiergerät aufnehmen, dann für das Kind abschreiben und als Geschenk an das Kind ins Portfolio legen.

Wir kennen deinen Namen und wissen, wer du bist!

Extra-Tipp für Sie

Für Erwachse ist es oft schwer, aufzuschreiben, was sie alles gut können, vielmehr fällt uns immer ein, was wir alles NICHT können. Zum Einstieg einer Teamsitzung können Sie den Fokus einmal gezielt auf Ihre Stärken lenken. Bereiten Sie für Ihre Kolleginnen ein Blatt vor, auf das jede genau 10 Stärken notieren soll. Dann tauschen Sie sich darüber im Plenum aus.

Ratet mal, was ich gut kann …

Sozialform: Kleingruppe, später auch Großgruppe
Alter: ab 3 Jahre
Material: Fotokarten aller Kinder
Zeit: je nach Anzahl der Kinder

So geht's:

Die Kinder sitzen im Kreis. In der Mitte liegen die Fotos aller mitspielenden Kinder verdeckt in einem Korb. Sie ziehen ein Foto und gehen mit dem Kind, das auf dem Foto abgebildet ist, vor die Tür. Dort beraten Sie zusammen, welches Rätsel Sie den anderen Kindern stellen können. Dann gehen Sie wieder zu den anderen Kindern in den Raum, und das Kind setzt sich auf einen Stuhl in der Kreismitte und sagt folgenden Spruch: *„Ratet mal, was ich gut kann, etwas, das nicht jeder tut!"* Wer errät die besondere Fähigkeit des Kindes in der Mitte? Sie können den anderen Kindern evtl. auch Hilfestellung geben. Wird es zu schwierig, kann das Kind die Fähigkeit auch pantomimisch zeigen oder selbst kleinere Tipps geben, zum Beispiel: *„Das hat mir mein Papi gezeigt"* oder *„Das hat etwas mit Winter zu tun."* Dasjenige Kind, das die Fähigkeit erraten hat, kommt als Nächstes dran.

Streiten, aber fair!

Ich werd immer größer

Sozialform: Großgruppe
Alter: ab 3 Jahre
Material: Maßband, Tonpapier in unterschiedlichen Farben
Zeit: 20–25 Minuten

So geht's:

Zu Beginn des Kindergartenjahres werden alle Kinder in ihrer Größe gemessen. Die Ergebnisse werden bildlich dargestellt: Mit Tonpapier gestalten die Kinder Häuschen und kleben sie an die Wand. Die Häuschen sollen so groß wie das jeweilige Kind sein. (**Achtung:** Das Dach muss natürlich so gestaltet werden, dass immer mal wieder ein Stockwerk dazu kommen kann.) Im Laufe des Jahres werden die Kinder immer wieder gemessen, sodass man schauen kann, wer, wie viel schon gewachsen ist. Das Haus wächst dann mit. Um die neue Größe ersichtlich zu machen, bauen die Kinder einfach ein weiteres Stockwerk in einer anderen Farbe ein. Interessant wird es, wenn sich Kinder über einen längeren Zeitraum von vielleicht drei Jahren beim Wachsen beobachten können.

Namen singen

Sozialform: Großgruppe
Alter: ab 3 Jahre
Material: verschiedene Instrumente
Zeit: max. 5–10 Minuten

So geht's:

Alle Kinder suchen sich ein Instrument aus. Ein Kind fängt an und singt seinen Namen zuerst einmal ohne Instrument, danach mit Begleitung durch sein Instrument. Nun singen alle Kinder mit ihren Instrumenten mit. Dann kommt das nächste Kind dran, bis alle an der Reihe waren.

Die Buchstaben meines Namens

Sozialform: Kleingruppe
Alter: ab 5 Jahre
Material: Namen der Kinder auf Tonpapier geschrieben (vorzugsweise laminiert); Buchstaben der Namen einzeln (Achtung: Manche Buchstaben brauchen Sie mehrfach)
Zeit: 5–10 Minuten

So geht's:

Jedes Kind hat seine Namenskarte vor sich liegen. Ähnlich einem Lotto halten Sie einen Buchstaben hoch. Das Kind, das den Buchstaben zuerst in seinem Namen entdeckt, meldet sich und legt ihn auf seinen Namen. Das Spiel dauert, bis alle ihre Buchstaben gefunden haben.

Variation:

Man kann auch die Namenskärtchen tauschen, oder ein Kind übernimmt Ihre Rolle als „Buchstaben-Lotteriemeister(in)".

Mein rechter, rechter Platz ist frei

Sozialform: Großgruppe
Alter: ab 3 Jahre
Material: keins
Zeit: je nach Anzahl der Kinder

So geht's:

Die Kinder sitzen im Stuhlkreis oder in der Garderobe. Ein Platz bleibt frei. Das Kind, welches links neben dem freien Platz sitzt, klopft auf diesen und spricht folgenden Spruch: *„Mein rechter, rechter Platz ist frei, ich wünsche mir den/die … (Name eines Kindes) herbei!"*. Das genannte Kind wechselt den Platz, wodurch wieder einer frei wird. Nun kommt das nächste Kind dran, das links neben dem freien Platz sitzt. Das Spiel kann beliebig oft fortgesetzt werden.

Wir kennen deinen Namen und wissen, wer du bist!

Sozialform: Großgruppe
Alter: ab 3 Jahre
Material: CD-Player und fetzige Musik
Zeit: je nach Anzahl der Kinder

So geht's:

Die Kinder bewegen sich frei im Bewegungsraum oder in der Turnhalle zur Musik. Sobald die Musik stoppt, rufen Sie den Namen eines Kindes. Sogleich bilden die anderen Kinder einen Kreis um das betreffende Kind und sagen folgenden Spruch: *„(Name des Kindes), wir kennen deinen Namen, wir wissen, wer du bist!"* Danach lassen sich alle los und laufen zur Musik weiter.

..., komm, tanz mit mir

Sozialform: Großgruppe
Alter: ab 3 Jahre
Material: keins
Zeit: 5–10 Minuten

So geht's:

Die Kinder bilden einen Außenkreis und einen Innenkreis. Immer zwei Kinder stehen sich gegenüber, das Kind vom Außenkreis singt (tanzt) nach der Melodie *„Brüderchen, komm, tanz mit mir"* zu folgendem Text:

- (Name des Kindes), komm, tanz mit mir, schön, du bist jetzt auch schon hier! Einmal hin, einmal her, rundherum, das ist nicht schwer.
- Du bist da, und ich bin da, das ist einfach wunderbar. Einmal hin, einmal her, rundherum, das ist nicht schwer.
- Wünsche dir noch heut viel Glück, denk auch mal an mich zurück. Einmal hin, einmal her, rundherum, das ist nicht schwer.
- Nun muss ich zum Nächsten gehn, möchte dich bald wiedersehn. Einmal hin, einmal her, rundherum, das ist nicht schwer.

Der Außenkreis geht eine Position weiter, und das Spiel beginnt von Neuem.

Jetzt kommt der liebe ...

Sozialform: Großgruppe
Alter: ab 3 Jahre
Material: keins
Zeit: je nach Anzahl der Kinder

So geht's:

Das Spiel eignet sich gut, um Kinder von einem in den anderen Raum zu rufen. Ein ausgewähltes Kind steht vor der Kindergruppe und ruft jedes Kind der Reihe nach in den anderen Raum. Dazu singt es den Spruch:
„Jetzt kommt der/die liebe (Name des Kindes)!"

Körperteile raten

Sozialform: Großgruppe
Alter: ab 3 Jahre
Material: großes Leintuch mit Schlitzen; Wäscheleine, die durch den Raum geht; Wandhaken und Klammern zum Befestigen
Zeit: ca. 15 Minuten

So geht's:

Die Kinder werden in zwei Gruppen geteilt. Eine Gruppe verlässt den Raum. Die anderen Kinder positionieren sich hinter dem Leintuch und strecken einen Körperteil heraus, z. B. Nase, Hände, Ohren. Die anderen Kinder müssen raten, wer sich hinter dem Leintuch versteckt. Danach wird gewechselt.

 Praxis-Tipp

Dieses Spiel eignet sich auch für ein Elternfest. Erkennen alle Mamis und Papis die Hände, Ohren, Nasen … ihrer Kinder?

Namenskreis

Sozialform: Großgruppe
Alter: ab 3 Jahre
Material: CD-Player mit getragener Musik
Zeit: 10–15 Minuten

So geht's:

Die Kinder werden in zwei gleich große Gruppen eingeteilt. Eine Gruppe bildet den Innenkreis, die andere den Außenkreis Die Kinder beider Kreise schauen sich an. Nun wird die Musik eingeschaltet. Der Außenkreis beginnt, sich um den Innenkreis herum zu bewegen, die Kinder des Innenkreises schließen dabei die Augen. Beim Musikstopp bleibt der Außenkreis stehen. Jedes Kind aus dem Außenkreis nimmt jetzt das gegenüberstehende Kind aus dem Innenkreis bei der Hand und sagt: *„Hallo (Name), schön, dass du da bist!"*. Danach geht es weiter. Außen- und Innenkreis-Besetzung wechselt natürlich auch einmal.

Praxis-Tipp

Dieses Spiel eignet sich auch als Kennenlernspiel beim ersten Elternabend! Beim Musik-Stopp stellen sich die Eltern einander vor.

Die Geschichte meines Namens

Sozialform: Kleingruppe
Alter: ab 3 Jahre
Material: keins
Zeit: je nach Anzahl der Kinder

So geht's:

Informieren Sie sich im Vorfeld über die Bedeutung der Namen der einzelnen Kinder. Im Kreis können Sie mit den Kindern die einzelnen Namen besprechen. Was bedeuten sie, welche Eigenschaften werden mit ihnen verbunden? Kann man diese Eigenschaften auch bei dem Kind sehen?

Variation:

Man kann auch mal statt des Geburtstags den Namenstag feiern. Laden Sie dazu ruhig auch die Mamas oder die Papas der Kinder ein, die etwas zur Namensgebung erzählen können. Warum haben sie ihr Kind so genannt? Hier gibt es manch witzige Geschichte.

Rollentausch

Sozialform: geschlechtergemischte Kleingruppe
Alter: ab 4 Jahre
Material: viele (typische) Verkleidungssachen für beide Geschlechter, Schmuck, Schminke
Zeit: 20–30 Minuten

So geht's:

Teilen Sie Verkleidungssachen in zwei Haufen (Männerkleidung und Frauenkleidung) ein. Die Mädchen bilden eine Gruppe, die Jungen die zweite. Jede Gruppe geht zu den Verkleidungssachen des anderen Geschlechts und beginnt, sich zu verkleiden. Sind alle fertig, dann kann man eine Modenschau abhalten. Die Kinder kann man fotografieren und das Foto im Portfolio ablegen: „Als ich einmal ein/e Mann/Frau war …"
Achtung: Nicht alle Kinder wollen sich verkleiden! Seien Sie sensibel, und respektieren Sie, wenn ein Kind nicht mitmachen möchte.

Mädchenzeug und Jungenkram

Sozialform: Kleingruppen
Alter: ab 4 Jahre
Material: verschiedenste Spielsachen
Zeit: 20–30 Minuten

So geht's:

In der Mitte des Raumes werden die unterschiedlichsten Spielsachen, die es in der Kita gibt, gesammelt. Nun bilden Mädchen und Jungen jeweils eine Gruppe. Die Jungen fangen an und legen die Spielsachen, mit denen nur Jungen spielen, in eine Ecke des Raumes; jene, mit welchen die Mädchen spielen, in eine andere. Spielsachen, die beide nutzen, werden in der Mitte belassen. Nun sind die Mädchen dran, die Haufen zu kontrollieren und eventuell Sachen umzulagern, mit deren Aufteilung sie nicht einverstanden sind. Nun werden die beiden Haufen, die nur für Jungen oder nur für Mädchen da sind, hinterfragt: Gibt es in unserer Kita wirklich Jungen- und Mädchenspielzeug? Ist Jungenspielzeug nur für Jungen da und Mädchenspielzeug nur für Mädchen? Und dürfen Jungen auch mit Mädchenspielzeug spielen und die Mädchen mit Jungenspielzeug? Wer darf das entscheiden, womit die Kinder spielen dürfen?

Nur Jungen/Mädchen können …

Sozialform: Kleingruppe
Alter: ab 5 Jahre
Material: keins
Zeit: 30–40 Minuten

So geht's:

Die Kinder werden in zwei geschlechtshomogene Gruppen geteilt. Beide Gruppen ziehen sich mit einer Erzieherin zurück. Sie überlegen sich nun Sachen, die nur ihr Geschlecht kann und das andere nicht. Sie notieren sich die Behauptungen. Dann treffen sich beide Gruppen, und das Wettspiel kann beginnen: Die erste Behauptung wird vorgelesen, z. B.: „Nur Jungs können Fußball spielen." Oder: „Nur Männer können sich rasieren." Gelingt es den Mädchen, diese Behauptung zu widerlegen, indem sie ein Beispiel eines Mädchens bringen, das dies auch kann, erhält diese Gruppe zwei Punkte. Kann kein Gegenargument gefunden werden, so erhält die Jungengruppe einen Punkt. Gewinner ist die Gruppe mit den meisten Punkten.

Weitere Praxisimpulse

 Hurra, Hurra

Melodie: traditionell Pumuckl-Lied
Text: Bernadette Grießmair

Hurra, hurra, der (die) ..., der (die) ist wieder da!
Hurra, hurra der (die) ... ist da.
Wir treffen uns im Kindergarten,
wo schon viele Kinder warten,
und zusammen spielen wir,
singen, lachen, tanzen hier.
Hurra, hurra, der (die) ..., der (die) ist wieder da!
Hurra, hurra der (die) ... ist da.

 So kommen Sie ins Gespräch!

- Meine Familie und ich ...
- Das Lustigste, das mir je passiert ist ...
- Wenn ich einmal groß bin, möchte ich ... werden.
- Mein schönster Sonntag ...
- Meine Lieblingsferien ...
- Ein Geheimnis über mich ...
- Das habe ich mir immer schon gewünscht ...
- Was gefällt mir daran, ein Junge/Mädchen zu sein?

Buchtipps

Fachbücher:

Baum, Heike:
Starke Kinder haben's leichter. Herder, 2002.
ISBN: 978-3-4512-6616-4

Gilbert, Susan:
Typisch Mädchen! Typisch Jungen! Praxisbuch für den Erziehungsalltag. Dtv, 2004.
ISBN: 978-3-42334078-6

Walter, Gisela:
Ich und du – wir und ihr. Spiele und Aktionen zur Förderung der Sozialkompetenz. Herder, 2004.
ISBN: 978-3-4512-8259-1

Bilderbücher:

Friester, Paul:
Ich kann das! Nord-Süd-Verlag, 2004.
ISBN: 978-3-31401301-0

Helme, Heine:
Der Hase mit der roten Nase. Beltz, 2006.
ISBN: 978-3-407-77006-6

Lobe, Mira:
Das kleine Ich bin ich. Jungbrunnen-Verlag, 1972.
ISBN: 978-3-7026-4850-3

Maar, Anne:
Pozor. Bajazzo, 2003.
ISBN: 978-3-907588-16-1

Shalev, Meir:
Papa nervt. Diogenes, 2004.
ISBN: 978-3-257-00813-5

Uebe, Ingrid:
Mimaus und die Mutmachpuppe. Ravensburger, 2002.
ISBN: 978-3-473-33014-0

Waddel, Martin:
Gut gemacht, kleiner Bär. Betz, 1999.
ISBN: 978-3-219-10773-9

Wolfradt, Jörg:
Ein Anton zu viel. Sauerländer, 2007.
ISBN: 978-3-7941-6060-0

Wir kennen deinen Namen und wissen, wer du bist!

Ein Stundenvorschlag

Alter: 3–6 Jahre
Zeit: 35–40 Minuten

Das lernen die Kinder in dieser Stunde:

- Der eigene Name gehört zu ihrer Person.
- Sie kennen die Namen aller anderen Kinder.
- Sie gewinnen einen Eindruck von den anderen Kindern der Gruppe.
- Sie erkennen, dass jedes Kind so sein darf, wie es ist.
- Sie lernen, sich anderen vorzustellen.

Zum Stundenablauf:

Zeit	Aktivität	Material
5 Min.	**Einstieg:** Singen Sie gemeinsam das Lied „Hurra, Hurra"	Text (Seite 33)
25–30 Min.	Gemeinschaftsarbeit in der Kleingruppe (4-8 Kinder): „Mein Steckbrief" **Aufgabe:** Die Kinder arbeiten die Steckbriefe gemeinsam mit Ihnen in ihren Kleingruppen aus, und anschließend besprechen Sie sie zusammen in der großen Gruppe.	Kopiervorlage „Mein Steckbrief" (Seite 36)
5 Min.	**Abschluss:** Tanzen Sie zusammen als Abschlusstanz „..., komm, tanz mit mir"	(Spielanleitung auf Seite 27)

Wir kennen deinen Namen und wissen, wer du bist!

Mein Steckbrief

Ich heiße _____.

Ich habe am _____ Geburtstag und bin jetzt _____ Jahre alt.

Mein Lieblingsessen ist _____.

Das mache ich am liebsten: _____
_____
_____

Meine Freunde sind:
_____

Praxis-Tipp

Der Steckbrief kann mit verschiedenen anderen Fragen ergänzt werden, z. B.: Wie groß warst du bei deiner Geburt, und wie groß bist du jetzt? In welchem Monat hast du Geburtstag? Welche Jahreszeit ist dann? Welches Sternzeichen hast du? Welche Lieblingsfarbe hast du? Was sind deine Hobbys?

Wir nehmen einander wahr und wissen, wie du bist!

*Mit den Händen sehen,
mit den Augen fühlen.
(Johann Wolfgang von Goethe)*

Kinder erkunden die Welt mit all ihren Sinnen. Um bewusst wahrnehmen zu können, um über die Sinne die Umwelt zu erkunden, bedarf es einer Schulung und Pflege der Sinne. In der Kita lernen Kinder, indem sie etwas tun: Sie fassen an, spüren nach, führen Bewegungen aus, riechen und schmecken. So lernen sie ihre Umwelt in all ihren Facetten kennen und die Eindrücke einzuordnen.

Eng mit der Sinneswahrnehmung ist auch die Sprache verbunden. Wenn Kinder lernen, ihre Sinneswahrnehmungen zu deuten und zu beschreiben, schulen sie ihre Ausdrucksfähigkeit. Kinder, die sich gut artikulieren können, haben nachweislich im sozialen Miteinander weniger Schwierigkeiten, denn ihnen fehlen nicht die Worte, um solche sozialen Situationen zu beschreiben.

Wahrnehmung entsteht auch immer in sozialer Umgebung, wenn man mit anderen zusammen ist – man spricht hier von der sozialen Wahrnehmung: Was ist das für eine/r, mit der/dem ich es zu tun habe? Wie kann ich ihn einschätzen? Was will er von mir? Dies sind die Fragen, die man sich bei der sozialen Wahrnehmung fast unbemerkt nebenbei beantwortet.

Im zweiten Kapitel wird der Schwerpunkt auf die Wahrnehmung gelegt. Die Spiele sind so ausgewählt, dass sie einerseits die **Sinneswahrnehmung** als solche anregen, aber auch dazu dienen können die **Sprache zu erweitern**. Die verschiedensten Übungen in Groß- und Kleingruppen und zu zweit sollen helfen, Eigenschaften anderer Kinder zu erfassen und auf andere Kinder einzugehen.

Das lernen die Kinder in diesem Kapitel:

- Sie lernen durch unterschiedlichste Spiele die verschiedenen Sinnesbereiche kennen.
- Sie versuchen, die Welt ganzheitlich mit allen Sinnen zu erfassen.
- Sie legen durch bewusstes Weglassen einiger Wahrnehmungskanäle die Aufmerksamkeit auf einen bestimmten Sinn.
- Sie versuchen, aufeinander einzugehen und sich in der Gruppe zu verständigen.
- Sie lernen, die unterschiedlichen Sinneseindrücke zu benennen.
- Sie lernen, sich sprachlich besser auszudrücken und dies später im sozialen Miteinander einzusetzen.

Spiele, Spiele, Spiele

Stumme Rückenpost

Sozialform: Partnerspiel oder Kleingruppe
Alter: ab 5 Jahre
Material: Kärtchen mit unterschiedlichen Motiven; Papierblätter
Zeit: ja nach Anzahl der Kinder

So geht's:

Jeweils zwei Kinder bilden ein Paar. Ein Kind sitzt hinter dem anderen und zeichnet auf dessen Rücken eine Form, die es von einem vorbereiteten Kärtchen „abliest" (zum Beispiel: Sonne, Haus, Schlange usw.). Das vordere Kind zeichnet die Form, die es erkannt hat, auf ein Blatt Papier. Stimmen die Formen überein?

Variation:

Man kann auch die „Form" auf die Reise schicken, indem man die Zeichnung über mehrere Rücken weiterschickt. Bei wie vielen Kindern kann man die Form von Rücken zu Rücken weitergeben?

> ### Praxis-Tipp
> Um die Wahrnehmung zu schulen, eignen sich außerdem Kimspiele jeder Art: Riechdosen, Geräuscheraten, Stoffe ertasten usw.

Spieglein, Spieglein …

Sozialform: Partnerspiel
Alter: ab 4 Jahre
Material: keins
Zeit: 10 Minuten

So geht's:

Die zwei Kinder stehen sich paarweise gegenüber. Ein Kind ist der Spiegel, das andere der Betrachter. Nun macht der Betrachter verschiedene Bewegungen, und der „Spiegel" versucht, diese nachzumachen. Dann werden die Rollen getauscht. Schaffen die Kinder es, bei diesem Spiel auch nicht miteinander zu sprechen?

Hummelbrummel

Sozialform: Partnerspiel
Alter: ab 3 Jahre
Material: Decken oder Matten
Zeit: 5 Minuten

So geht's:

Die Kinder finden sich paarweise zusammen. Ein Kind legt sich auf den Bauch. Fordern Sie das andere Kind auf, eine Hummel zu sein. Der Körper des Partnerkindes ist die Blumenwiese, auf der sich die Hummel bewegen kann. Das Kind lässt die Fingerkuppen behutsam über den Rücken des anderen Kindes gleiten, als ob eine Hummel sachte von einem Platz zum nächsten fliegen würde. Das liegende Kind kann durch Summen das „Fliegen" steuern: Leises Summen => *„Es geht mir gut, mach weiter!"* Das Summen wird lauter => *„Es wird mir langsam unangenehm."* Danach werden die Rollen getauscht.

Was ist anders?

Sozialform: Partnerspiel
Alter: ab 4 Jahre
Material: keins
Zeit: so lange, wie Sie wollen

So geht's:

Alle Kinder versammeln sich im Kreis. Zwei Kinder gehen in die Mitte. Ein Kind nimmt eine bestimmte Position ein. Das andere Kind betrachtet diese genau und dreht sich dann um. Das erste Kind verändert etwas an seiner Stellung. Kann das andere Kind erkennen, was sich verändert hat? Können die anderen helfen?

Wo ist mein Gegenstand?

Sozialform: Kleingruppe
Alter: ab 3 Jahre
Material: unterschiedliche Materialien
Zeit: so lange, wie Sie wollen

So geht's:

Alle Kinder suchen sich einen Gegenstand aus und betasten ihn genau. Dann legen Sie alle Gegenstände unter ein Tuch und vermischen sie. Nun probieren alle Kinder, „blind" ihren Gegenstand zu finden.

Variation:

Um die Aufgabe zu erschweren, können Sie auch sehr ähnliche Gegenstände verwenden, zum Beispiel Muscheln, Steine usw.

Steine-Mikado

Sozialform: 4er-Gruppe
Alter: ab 4 Jahre
Material: mindestens 20 Steine pro Mannschaft; Matten
Zeit: pro Durchgang 5 Minuten

So geht's:

Die Kinder gehen in 4er-Gruppen zusammen. Ein Kind legt sich mit dem Bauch auf den Boden, die anderen setzen sich darum herum. In einem Korb liegen ca. 20 Steine bereit. Reihum verteilen die Kinder die Steine auf dem Körper des liegenden Kindes. Dieses benennt jeweils den Körperteil, auf dem es den Stein spürt. Sobald alle Steine verteilt sind, beginnt das Wettspiel: Vorsichtig versuchen die drei Kinder, einen Stein nach dem anderen wegzunehmen. Spürt das liegende Kind etwas, ruft es laut „*Halt*" und benennt den Körperteil. Nun kommt das nächste Kind. Welches Kind hat am Ende die meisten Steine?

Praxis-Tipp

Je nachdem, wie dick die Kinder angezogen sind, wird die taktile Wahrnehmung erleichtert oder erschwert. Daher eignen sich leichte Gegenstände, wie zum Beispiel Bierdeckel, vor allem dann, wenn die Kinder leichte Kleider tragen. Im Winter, wenn die Kinder dicke Pullis tragen, müssen die Dinge schwerer sein.

Es war wohl wieder Baumeister Fritz da

Sozialform: Kleingruppe
Alter: ab 3 Jahre
Material: verschiedene Werkzeuge, z. B. Hammer, Säge, Schraubenzieher usw.; großer Korb; evtl. ein Tuch
Zeit: 10 Minuten

So geht's:

In einem Korb liegen allerlei Werkzeuge. Zuerst werden sie gemeinsam benannt, sodass jedes Kind weiß, wie sie heißen. Dann geht ein Kind aus dem Raum, und ein Gegenstand wird weggenommen. Sobald es zurückkommt, sagen die anderen Kinder: *„Es war wohl wieder Baumeister Fritz da und hat etwas mitgenommen. Weißt du, welcher Gegenstand fehlt und was man damit machen könnte?"* Danach darf ein anderes Kind raten.

Ich seh an dir, was du nicht siehst

Sozialform: Großgruppe
Alter: ab 3 Jahre
Material: keins
Zeit: je nach Anzahl der Durchgänge

So geht's:

Das Spiel gestaltet sich ähnlich wie das bekannte Spiel „Ich sehe was, was du nicht siehst", nur hier geht es darum, andere Kinder bewusst wahrzunehmen. Machen Sie dazu Aussagen, die sich auf eine Eigenschaft eines Kindes beziehen, zum Beispiel: *„Ich seh' an dir, was du nicht siehst, und das ist schwarz!"* Das könnten die Haare von Jasmin oder die Hose von Julius sein.

Was hat noch so eine Form?

Sozialform: Kleingruppe
Alter: ab 4 Jahre
Material: Formenkärtchen (Quadrat, Kreis, Elipse …)
Zeit: ca. 15 Minuten

So geht's

Alle Formkärtchen liegen verdeckt in der Mitte. Ein Kind zieht ein Kärtchen, und die anderen Kinder versuchen, unterschiedlichste Gegenstände im Raum herbeizuschaffen, welche die gleiche Grundform haben wie die Form auf dem Kärtchen. Wer findet am meisten Gegenstände von einer bestimmten Form?

Farbe hoch

Sozialform: Großgruppe
Alter: ab 3 Jahre
Material: Farbkarten (zuerst nur in den Grundfarben, später mehrere); CD-Player und fetzige Musik
Zeit: 10–15 Minuten

So geht's:

Besprechen Sie mit den Kindern zuerst die unterschiedlichen Bedeutungen der Farbkarten, zum Beispiel:

- *Rot* = anhalten und mit beiden Händen den Boden berühren
- *Blau* = sich ganz groß machen
- *Gelb* = auf eine Matte springen
- …

Die Kinder bewegen sich im Raum zur Musik. Nach einer Weile drücken Sie auf Stopp und halten eine Karte hoch. Die Kinder führen die passende Aktion zur Karte aus. Nach und nach kann man immer mehr Karten (und damit Aktionen) einbauen.

Besuch aus Amerika

Sozialform: Kleingruppe
Alter: ab 3 Jahre
Material: 2 Stühle
Zeit: je nach Anzahl der Durchgänge

So geht's:

Zwei Stühle werden gegenübergestellt. Auf einen Stuhl setzt sich ein Kind als „Gastgeber". Der Gastgeber hat die Augen verbunden. Nun kommt ein Kind zu Besuch. Der Gastgeber fragt: *„Wer ist denn da, wer kommt heute aus Amerika?"* Das Besucherkind macht nun Geräusche, Tierstimmen oder summt eine Melodie usw. Errät der Gastgeber, wer sein Besuch ist, darf der Besuch die Rolle des Gastgebers übernehmen.

 Praxis-Tipp

Manchen Kindern fällt es schwer, andere nur anhand von Geräuschen zu erraten. Die Stimme eines anderen Kindes wiederzuerkennen, ist weitaus leichter. Daher kann das besuchende Kind auch folgenden Spruch sagen: *„Ich bin jetzt da, ich bin jetzt da, weit war die Fahrt aus Amerika!"*

Festgewachsen

Sozialform: Großgruppe
Alter: ab 3 Jahre
Material: CD-Player mit fetziger Musik
Zeit: 10–15 Minuten

So geht's:

Die Kinder bewegen sich zur Musik durch den Raum. Bei Musikstopp benennen Sie einen Körperteil, mit dem die Kinder am Boden „festwachsen" sollen.

Variation:

Die Kinder können mit dem besagten Körperteil auch aneinander festwachsen.

Stumme Münzensucher

Sozialform: Großgruppe
Alter: ab 4 Jahre
Material: eine Münze
Zeit: 10 Minuten

So geht's:

Schicken Sie die Kinder vor die Tür. Verstecken Sie dann eine Münze irgendwo im Raum, und zwar so, dass sie noch ein wenig zu sehen ist. Alle Kinder kommen jetzt wieder herein und versuchen, die Münze zu entdecken. Wer die Münze gefunden hat, setzt sich nach einer Weile leise auf seinen Platz, ohne etwas zu sagen oder sich laut zu freuen. Sind nur noch wenige Kinder übrig, die die Münze noch nicht entdeckt haben, können Sie sie mit Hilfe von Hinweisen (warm und kalt) zur Münze führen. Danach darf eines der letzten Kinder die Münze erneut verstecken.

Gelingt es allen Kindern, sich still zu freuen, damit alle die Chance haben, die Münze zu finden?

Praxis-Tipp

Manchen Kindern fällt es schwer, ein Geheimnis für sich zu behalten. Um das Spiel für alle spannend zu machen, braucht es aber „Schweigepflicht". Sprechen Sie mit den Kindern über diese schwierige Herausforderung, so haben alle gleich viel mehr Freude daran, dass Geheimhalten zu üben.

Atome entstehen

Sozialform: Großgruppe
Alter: ab 4 Jahre
Material: CD-Player mit fetziger Musik; Würfelbilder auf Kärtchen
Zeit: 10 Minuten

So geht's:

Die Kinder bewegen sich zur Musik im Raum. Bei Musikstopp halten Sie eine Würfelbildkarte hoch. Die Kinder finden sich, je nach Anzahl der gezeigten Punkte, in ebenso großen Gruppen (Atomen) zusammen.

Weitere Praxisimpulse

Spruch:

Was ich gerne fühle?

Nasses Gras beim Barfuß-Gehen,
Meeressand zwischen den Zehen,
Wind, der um meine Nase weht,
wenn man sich im Kreise dreht.
Süße **Schokolade** in meinem Mund,
das **Bellen** vom kleinen Nachbarshund.

All das ist Teil meiner Welt,
die mir und dir so gut gefällt.

Körper-Klopfmassage

Wir klopfen auf den **Kopf**.

Wir tippen auf die **Nase**.

Wir streicheln jetzt den **Hals**.

Wir trommeln auf die **Brust**.

Auf dem **Bauch**,

da geht es auch.

Wir klopfen auf die **Knie**.

Und zum Schluss

auf jeden **Fuß**.

Hinten auf die **Fersen**,

auf die **Waden** auch.

Und oho, auf den **Popo**!

Hinten rauf den **Rücken**,

zu unserem Entzücken

Und zum Schluss,

klopf, klopf,

wieder auf den **Kopf.**

Buchtipps

Fachbücher:

Berger, Ulrike:
Die Sinnes-Werkstatt. Spannende Experimente mit Auge, Hand und Ohr. Velber, 2010.
ISBN: 978-3-8411-0020-7

Bestle-Körfer, Regina:
Sehen, hören, schmecken. Mit Kindern alle Sinne entdecken. Urania, 2005.
ISBN: 978-3-419-53039-9

Wilken, Hedwig:
Voll Sinnen spielen. Ökotopia, 2001.
ISBN: 978-3-93190234-6

Zimmer, Renate:
Mit allen Sinnen die Welt erfahren. Wunderfitz-Arbeitsheft zur Wahrnehmungsförderung. Herder, 2006.
ISBN: 978-3-451-26512-9

Bilderbücher:

Roederer, Charlotte:
Die fünf Sinne. Bibliographisches Institut, 2008.
ISBN: 978-3-411-08422-7

Weinhold, Angela:
Wir entdecken unsere Sinne. Wieso? Weshalb? Warum? Ravensburger, 2005.
ISBN: 978-3-473-32744-7

So kommen Sie ins Gespräch!

- Was kann ich alles mit meinen Händen spüren, mit meinen Ohren hören, mit meinen Augen sehen?
- Wie wäre es, wenn ich nicht sehen, nicht hören, nicht gut spüren könnte?

Ein Stundenvorschlag

Alter: 3–6 Jahre
Zeit: 35 Minuten

Das lernen die Kinder in dieser Stunde:

- Sie versuchen, aufeinander einzugehen.
- Sie lernen, ihren Körper zu spüren.
- Sie lernen, sich sprachlich besser auszudrücken und dies später im sozialen Miteinander einzusetzen.

Zum Stundenablauf:

Zeit	Aktivität	Material
5 Min.	**Einstieg:** Klopfmassage für den ganzen Körper	Text (Seite 48)
20 Min.	**Spiel:** „Es war wohl wieder Baumeister Fritz da"	Spiel (Seite 43)
10 Min.	**Spiel:** „Hummelbrummel"	Spiel (Seite 40)

Wir hören dir gut zu und verstehen, was du sagen willst!

*Es genügt nicht, zur Sache zu reden.
Man muss zu den Menschen reden.
(Stanislaw Lec)*

Wollen wir auf Aussagen anderer richtig reagieren oder sie richtig beurteilen, müssen wir uns erst klarwerden, was der andere eigentlich sagen will. Um zu verhindern, dass alle aneinander vorbeireden, bedarf es eines offenen Ohres und eines mitfühlenden Herzens. Das dritte Kapitel versucht daher, der anspruchsvollen Aufgabe des **aktiven Zuhörens** gerecht zu werden, und bietet die unterschiedlichsten Spiele an, die der Frage nachgehen: „Wie kann ich den anderen gut verstehen?" Mit der Zeit und etwas Übung wird es den Kindern immer leichter gelingen, anderen Menschen aktiv zuzuhören. Aktiv zuhören heißt:[3]

- den Worten seines Gegenübers zu lauschen und aktiv an einem Gespräch teilzunehmen.
- nonverbale Signale zu geben, die dem anderen zeigen, dass man interessiert ist.
- nachzufragen, wenn man etwas nicht verstanden hat.
- versuchen, durch Fragen herauszufinden, was den anderen bewegt.
- das Gehörte des anderen in eigenen Worten zusammenzufassen, sodass man sicher sein kann, dass man alles richtig verstanden hat.
- das Gegenüber als Person mit Gefühlen wahrzunehmen und die Gefühle auch in Worte fassen zu können.

Das lernen die Kinder in diesem Kapitel:

- Sie lernen, einander ausreden zu lassen.
- Sie versuchen, jedem gut zuzuhören, der etwas sagen möchte.
- Sie erkennen, dass es noch andere Kommunikationsformen gibt (Mimik und Gestik) als die gesprochene Sprache.
- Sie versuchen, zu verstehen, was der andere sagt, und Gehörtes genau wiederzugeben.
- Sie versuchen, die eigenen Interessen zu vertreten.

Spiele, Spiele, Spiele

König Löwe wacht

Sozialform: Kleingruppe
Alter: ab 3 Jahre
Material: Schlüsselbund, Stuhl, Augenbinde
Zeit: je nach Anzahl der Durchgänge

So geht's:

Die Kinder sitzen im Kreis. In die Mitte des Kreises stellen Sie einen Stuhl. Darunter legen Sie einen Schlüsselbund. Ein Kind übernimmt die Rolle des Löwen und setzt sich mit verbundenen Augen auf den Stuhl. Es soll den Schlüsselbund bewachen. Deuten Sie nun einem Kind aus dem Kreis an, sich an den Löwen heranzuschleichen. Hört der Löwe ein Geräusch, dreht er sich in die Richtung und brüllt laut. Das Kind geht wieder zurück, ein anderes versucht nun sein Glück. Schafft es ein Kind, vom Löwen unbemerkt zu bleiben und den Schlüsselbund zu ergattern?

Zahlen morsen

Sozialform: Kleingruppe
Alter: ab 5 Jahre
Material: Karten mit den 6 Würfelbildern; Wandplakat mit Würfelbildern
Zeit: je nach Anzahl der Durchgänge

So geht's:

Alle Kinder sitzen in einer Reihe hintereinander. Zeigen Sie dem letzten Kind in der Reihe eine Würfelbildkarte. Dieses „piekst" seinem Vordermann das erkannte Würfelbild in den Rücken. So wandert die „Zahl" von Kind zu Kind weiter nach vorne. Das vorderste Kind zeigt auf einem Wandplakat das erspürte Würfelbild. Stimmen die beiden überein? Dann darf das Kind, das hinten begonnen hat, ganz vorne in der Reihe Platz nehmen, und eine neue Runde beginnt.

Variation für Könner:

- Auf dem Wandplakat stehen die zugehörigen Zahlenbilder.
- Auf dem Wandplakat sind Gegenstände gezeichnet (1 Hund, 2 Katzen, 3 Mäuse …).
- Das letzte Kind würfelt mit zwei Würfeln, addiert die Augen und gibt die Summe als Morsezeichen weiter. Auf dem Plakat stehen die Zahlen von 1–12.

 Gut zu wissen

Mit dem Spiel werden mathematische Vorläuferfertigkeiten geübt, und die Kinder bekommen ein Gefühl für den Zahlenraum 1–12.

Stille Post

Sozialform: Kleingruppe, später Großgruppe
Alter: ab 4 Jahre
Material: keins
Zeit: 5–10 Minuten

So geht's:

Die Kinder sitzen im Kreis. Ein Kind flüstert dem nächsten ein Wort bzw. einen Satz ins Ohr. Das Gesagte wandert nun von einem Kind zu nächsten im Kreis herum. Das letzte Kind spricht das Wort bzw. den Satz laut aus.

Variation:

Sie können die Kinder auch in zwei Mannschaften einteilen und dieses Spiel als Wettspiel gestalten.

Praxis-Tipp

Für ein Elternfest kann man das Spiel auch noch schwieriger gestalten, indem man es zu einem Wettspiel zwischen zwei Mannschaften werden lässt: Denken Sie sich dazu eine kleine Geschichte mit 5 bis 10 wichtigen Details aus, und erzählen Sie sie dem ersten Mitspieler. Wie viele dieser Details können am Ende noch genannt werden? Die Mannschaft mit den meisten Details gewinnt.

Kofferpacken

Sozialform: Kleingruppe, später auch Großgruppe
Alter: ab 4 Jahre
Material: keins
Zeit: je nach Anzahl der Kinder

So geht's:

Die Kinder sitzen im Kreis. Das erste beginnt: *„Ich packe meinen Koffer und nehme … mit"*. Es benennt einen Gegenstand. Das nächste Kind wiederholt den Satz und fügt dem Gegenstand einen zweiten hinzu, das dritte einen dritten. Nach der Reihe wiederholen alle Kinder die Dinge, die schon im Koffer sind, und fügen selbst einen weiteren dazu. Wenn jemand etwas vergessen hat, dürfen die anderen aufmerksamen Zuhörer natürlich auch beim Erinnern helfen.

Variation:

Man kann neben dem Koffer auch noch eine Einkaufstasche etc. packen. Eine gute Gelegenheit für themenbezogene Grundwortschatzförderung.

König und Diener

Sozialform: Partnerspiel
Alter: ab 4 Jahre
Material: keins
Zeit: je nach Anzahl der Durchgänge

So geht's:

Ein Kind ist der König, ein Kind der Diener. Der König befiehlt seinem Diener, Anweisungen zu befolgen, und zwar in der richtigen Reihenfolge. Die einzelnen Aktionen sollen sich auf Gegebenheiten im Raum beziehen, zum Beispiel: *„Gehe zur Tür, klopfe 2-mal dagegen, mache einen Luftsprung, dann hole ein Blatt Papier, und bringe es mir zurück."* Die anderen Kinder kontrollieren, ob der Diener den Befehl richtig ausgeführt hat.

> ### 💡 Praxis-Tipp
>
> Bei der Einführung des Spiels sollte ein Erwachsener die Rolle des Königs übernehmen, um den Kindern Möglichkeiten für ihre „Befehle" aufzuzeigen. Mit der Zeit kann man die Anzahl der Anweisungen steigern.

Käsebrotspiel

Sozialform: Kleingruppe
Alter: ab 4 Jahre
Material: Brötchen, Messer, Margarine, Käse
Zeit: 10–20 Minuten

So geht's:

Das Material wird sichtbar aufgebaut. Erklären Sie den Kindern nun, dass ein Marsmensch auf der Erde gelandet sei, der großen Hunger habe. Er wisse allerdings nicht, wie er sich aus dem Brötchen, dem Käse und der Margarine ein fertiges Brötchen machen könne. Daher sei er nun auf die Anweisungen der Kinder angewiesen. Der Marsmensch (das sind Sie) führt nun die Anweisungen der Kinder genau aus, wobei er diese immer wieder bewusst falsch interpretiert (zum Beispiel schneidet er das Brötchen quer durch statt längs, er schmiert die Margarine auf die Brötchenoberseite usw.). Erst wenn eine ganz genaue Anweisung erfolgt, die keinen Interpretationsspielraum mehr zulässt, wird sie richtig ausgeführt.

Extra-Tipp für Sie

Gibt es im Team oder mit der Elternschaft einige Kommunikationsschwierigkeiten, so kann das Spiel auf lustige Art und Weise vorführen, dass Reden und Verstehen manchmal nicht so einfach sind!

Zwillingsbauwerke

Sozialform: Partnerspiel
Alter: ab 4 Jahre
Material: unterschiedliche Bauklötzchen
Zeit: 5–10 Minuten

So geht's:

Zwei Kinder sitzen parallel zueinander, und zwar Rücken an Rücken. Ein Kind ist der Baumeister, der dem anderen genauestens ansagt, wie er sein Bauwerk baut, zum Beispiel: *„Ich nehme einen roten, rechteckigen Baustein und setze einen grünen, kleinen rechts daneben …"* Das zweite Kind versucht, gemäß diesen Anweisungen ein eigenes Bauwerk nachzubauen, ohne dass es das Bauwerk des Baumeister-Kindes sehen kann. Am Ende werden beide Bauwerke verglichen. Wie ähnlich sind sie sich?

Variation:

Statt Baumeister können die Kinder als Malermeister auch ein Bild malen – Rücken an Rücken natürlich wieder.

Der rasende Reporter

Sozialform: Kleingruppe, später Partnerspiel
Alter: ab 3 Jahre
Material: Papierrollen, die als Mikrofone gestaltet sind
Zeit: 5–10 Minuten

So geht's:

Spielen Sie einen Reporter, der im Wechselspiel den Kindern verschiedene Fragen stellt: *„Was hast du gestern nachmittags gemacht? Wer sind deine Freunde in der Kita? Was ist dein Lieblingsessen?"* usw. Der Reporter hält demjenigen Kind das Mikrofon hin, das antworten soll. Klappt dieses Wechselspiel gut, dann können sich die Kinder paarweise zusammenfinden und sich gegenseitig Fragen stellen.

Erzählwirrwarr

Sozialform: Großgruppe
Alter: ab 3 Jahre
Material: keins
Zeit: 5 Minuten

So geht's:

Stellen Sie im Sitzkreis eine Frage, zu der alle Kinder auf ein Zeichen hin gleichzeitig etwas erzählen können. Das Erzählwirrwarr startet, und dabei kann es auch einmal etwas lauter zugehen, wenn alle durcheinander reden. Auf ein abgemachtes Zeichen hin ist das Erzählwirrwarr beendet. Wer hat eine nächste Frage, zu der alle etwas erzählen wollen?

Wir hören dir gut zu und verstehen, was du sagen willst!

„Hier spricht der Direktor Hörgenau!"

Sozialform: Großgruppe
Alter: ab 4 Jahre
Material: 2 Joghurtbecher und Schnur zum Verbinden, Leintuch oder Decke
Zeit: 10–15 Minuten

So geht's:

Die Kinder werden in zwei Gruppen geteilt, dazwischen wird das Leintuch gehängt. Im Leintuch befindet sich ein kleines Loch, durch das das Schnurtelefon gespannt wird. Ein Kind jeder Gruppe übernimmt die Rolle der Sekretärin. Es ruft auf der anderen Seite an, dort nimmt ein Kind, die Sekretärin, ab. **Sekretärin:** *„Hier ist das Büro von Direktor Hörgenau! Ich verbinde!"* Danach reicht die Sekretärin den Joghurtbecher an ein Kind seiner Gruppe, also an den Direktor Hörgenau, weiter. **Direktor Hörgenau:** *„Hier ist Herr/Frau Direktor Hörgenau, ich habe Ihnen Wichtiges mitzuteilen!"* Nun muss das Kind auf der anderen Leintuchseite raten, wer sich hinter der Stimme vom Direktor verbirgt. Danach telefoniert die andere Gruppe.

Drei-Ding-Geschichte

Sozialform: Kleingruppe
Alter: ab 5 Jahre
Material: Bildkärtchen (z. B. Memo-Karten)
Zeit: je nach Anzahl der Kinder

So geht's:

Legen Sie die Memo-Karten verdeckt in die Mitte. Ein Kind deckt drei Karten auf. Das nächste Kind soll eine kleine Geschichte erfinden, in der alle drei Sachen, die auf den Karten abgebildet sind, vorkommen. Danach werden drei weitere Karten aufgedeckt, und das Spiel geht reihum weiter.

> ### 💡 Praxis-Tipp
> Die kleinen Geschichten können Sie mit einem Diktiergerät aufnehmen und dann abtippen – sie sind ganz toll im Portfolio!

Jakob, wo bist du?

Sozialform: Großgruppe
Alter: ab 3 Jahre
Material: Augenbinden
Zeit: ca. 20 Minuten

So geht's:

Die Kinder bilden einen Kreis. Zwei Kindern werden die Augen verbunden. Das eine Kind ist Jakob, das andere der Herr. Beide Kinder werden in unterschiedliche Kreispositionen gebracht und nochmals gedreht. Der Herr kann nun rufen: *„Jakob, wo bist du?"* Jakob antwortet: *„Hier, Herr!"* Der Herr hat die Aufgabe, Jakob zu finden, Jakob hat die Aufgabe, sich nicht fangen zu lassen. Hat der Herr Jakob finden können, kommen zwei andere Kinder dran.

Memo-Staffellauf

Sozialform: Kleingruppe
Alter: ab 5 Jahre
Material: Memo-Karten
Zeit: ca. 20 Minuten

So geht's:

Teilen Sie die Kinder in zwei Gruppen ein. Die beiden Gruppen bilden zwei parallele Schlangen. Vor jeder Gruppe liegen verdeckt gleich viele Memo-Karten. Die zugehörigen Gegenstücke liegen aufgedeckt auf der anderen Raumseite. Das erste Kind jeder Gruppe beginnt. Es nimmt sich 2 bis 5 Memo-Karten und benennt die Motive. Das zweite Kind der Mannschaft flitzt zur anderen Raumhälfte, sucht die passenden Gegenstücke und bringt sie zurück. Hat es alle genannten Gegenstände richtig gefunden, so werden die Paare zur Seite gelegt. Nun darf dieses zweite Kind Kärtchen aufdecken, und das dritte läuft zur anderen Raumhälfte usw. Welche Gruppe hat die Gegenstücke zu ihren Memo-Kasten zuerst alle gefunden?

Praxis-Tipp

Anhand folgender Fragen kann man das Spiel reflektieren: Welche Mannschaft hat schneller alle Paare zugeordnet? Warum? Wie ist man schneller? – Wenn man immer fünf Kärtchen benennt, dabei aber das Risiko eingeht, dass etwas vergessen wird, oder immer nur zwei Gegenstände holen lässt? Können die anderen Kinder helfen, indem sie pantomimisch die Gegenstände darstellen, die das laufende Kind vielleicht vergessen hat?

Papi, Papi, darf ich reisen?

Sozialform: Kleingruppe
Alter: ab 3 Jahre
Material: keins
Zeit: 5–10 Minuten

So geht's:

Ein Kind übernimmt die Rolle des Papis und stellt sich an einem Raumende auf. Die anderen Kinder stehen ihm gegenüber. Das erste Kind fängt an und fragt: *„Papi, Papi, darf ich reisen?"* Der Papi antwortet entweder mit „Nein" (3-mal pro Kind möglich) oder mit „Ja". Bei letzterer Antwort fragt das Kind: *„Wohin?"* Der Papi nennt einen Zielort, zum Beispiel: *„Rosenheim."* Nun darf das Kind so viele Schritte tun, wie der Zielort Silben hat. Erreicht ein Kind den Papi, werden die Rollen getauscht, und alle Kinder gehen zurück auf eine Seite.

Die verlorene Mütze

Sozialform: Kleingruppe, später Großgruppe
Alter: ab 4 Jahre
Material: Mütze
Zeit: 10–15 Minuten

So geht's:

Die Kinder sitzen im Kreis. Ein Kind bekommt die Mütze aufgesetzt, es heißt für diese Spielrunde „Joggele". Nun gibt „Joggele" die Mütze an das nächste Kind weiter, dieses sagt: *„Joggele hat die Mütze verloren, ich, (Name des Kindes), habe sie gefunden."* Nun gibt es die Mütze wieder weiter. Das nächste Kind wiederholt alles: *„Joggele hat die Mütze verloren, (Name des ersten Kindes) hat sie gefunden und auch wieder verloren, ich, (Name des Kindes), habe sie gefunden."* So geht die Mütze im Kreis herum, bis sie wieder beim „Joggele" ankommt.

Einkaufsliste

Sozialform: Kleingruppe
Alter: ab 4 Jahre
Material: Gegenstände im Gruppenraum; Einkaufstasche; evtl. Papierblätter und Stifte
Zeit: je nach Anzahl der Durchgänge

So geht's:

Ein Kind übernimmt die Rolle des Einkäufers und geht vor die Tür. Beraten Sie nun mit der Gruppe, was sie alles eingekauft haben möchten. Das Kind kommt wieder herein, und der Auftrag wird vergeben, z. B.: *„Bitte kauf uns einen Klebestift/zwei weiße Blätter/ein Teelicht …"* Das Kind holt alle Gegenstände im Raum und bringt sie der Gruppe. Nach mehreren Wiederholungen können auch mehr Gegenstände in Auftrag gegeben haben. Zur Kontrolle können die anderen Kinder auch eine Einkaufsliste malen und die Gegenstände dann kontrollieren.

Wir hören dir gut zu und verstehen, was du sagen willst!

Was ist gemeinsam?

Sozialform: Kleingruppe
Alter: ab 5 Jahre
Material: Kärtchen mit je drei Motiven, die Sie im Vorfeld vorbereiten
Zeit: je nach Anzahl der Durchgänge

So geht's:

Die Kinder sitzen im Kreis. Benennen Sie die drei Gegenstände auf einem Kärtchen, zum Beispiel Messer, Gabel, Löffel. Die Kinder versuchen, den Oberbegriff (hier Besteck) zu finden. Dasjenige Kind, das ihn als erstes nennt, bekommt die Karte. Hier ein paar Vorschläge für Ihre Kärtchen:

- Hund, Katze, Hamster = Haustiere
- Löwe, Giraffe, Nashorn = Zootiere
- Apfel, Birne, Traube = Obst
- Salat, Kartoffel, Karotte = Gemüse
- Stuhl, Tisch, Hocker = Möbel
- Auto, Flugzeug, Schiff = Fahrzeuge
- Jacke, Hose, Kleid = Kleidung
- …

Weitere Praxisimpulse

 ## Partnerspruch

Ich bin ich, und du bist du.
Wenn du redest, hör ich zu.
Wenn du redest, bin ich still,
weil ich dich verstehen will!

 ## So kommen Sie ins Gespräch!

- Was kann man vorher vereinbaren, damit man gut miteinander reden und zuhören kann?
- Als ich jemandem gut zugehört habe …
- Als es einmal zu einem Streit kam, weil ich jemanden falsch verstanden habe …
- Als ein Freund mir nicht zugehört hat …
- Wie fühle ich mich, wenn andere mir nicht zuhören?

 ## Buchtipps

Fachbücher:

Frank Gaschler:
Ich will verstehen, was du wirklich brauchst. Gewaltfreie Kommunikation mit Kindern – Das Projekt Giraffentraum. Kösel, 2007.
ISBN: 978-3-466-30756-2

Kolthoff, Martina:
Gesprächskultur mit Kindern. klein & groß. PraxisExpress. Cornelsen Verlag Scriptor, 2006.
ISBN: 978-3-589-25295-4

Bilderbücher:

Aliki:
Ich sag dir was. Ein Bilderbuch über das Reden und Zuhören. Ars edition, 1998.
ISBN: 978-3-76071035-8

Endl, Thomas:
Das kleine Trara. Baumhaus, 2005.
ISBN: 978-3-833-93522-0

Lenk, Fabian:
Jetzt nicht! Oder Zuhören ist das größte Kunststück. Esslinger, 2005.
ISBN: 978-3-48021928-5

Reider, Katja:
Bist du krank, Berni Bär? Findling 2004.
ISBN: 978-3-93705444-5

Willis, Jeanne:
Pschscht! Thienemann, 2005.
ISBN: 978-3-52230077-3

Ein Stundenvorschlag

Alter: 3–6 Jahre
Zeit: 35 Minuten

Das lernen die Kinder in dieser Stunde:

- Sie lernen, einander gut zuzuhören und das Gehörte richtig weiterzugeben.
- Sie erkennen, dass richtiges Zuhören wichtig ist, um Missverständnisse zu vermeiden.
- Sie versuchen, zu verstehen, was der andere sagt, und Gehörtes genau zu befolgen.

Zum Stundenablauf:

Zeit	Aktivität	Material
5 Min.	**Einstieg:** „Stille Post"	Spiel (Seite 55)
15 Min.	**Bilderbuch:** „Bist du krank, Berni Bär?"	Siehe Bilderbuch-Tipp (Seite 67)
15 Min.	**Gesprächskreis mit Impulsfragen:** ○ Warum muss Berni Bär niesen, als er am Morgen die Höhle verlässt? ○ Was macht der Maulwurf, als er Berni Bär niesen hört? ○ Was machen der Hase und der Dachs mit Berni Bär? Ist Berni Bär wirklich krank? ○ Warum sagt Berni Bär nichts mehr, als er die scheußliche Medizin schlucken muss? ○ Warum brüllt Berni Bär, als er in den Teich gefallen ist, so sehr? ○ Was möchte Berni Bär in Zukunft machen, damit ihm die anderen auch zuhören? ○ Hat dir schon mal jemand nicht zugehört, als du etwas sagen wolltest? Wie hast du dich dabei gefühlt? ○ Was hätte Berni Bär anders machen können, was würdest du anders machen? ○ Welche Möglichkeiten kennst du, jemandem zum richtigen Zuhören zu bewegen?	
5 Min.	**Abschluss:** „König und Diener"	Spiel (Seite 56)

Wir fühlen uns in dich ein und wissen, wie es dir geht!

*Das Herz gibt allem,
was der Mensch sieht, hört und weiß,
die Farbe.
(Johann Heinrich Pestalozzi)*

Gefühle begleiten uns Tag und Nacht. Ohne dass uns dies bewusst ist, beeinflussen sie die Körperchemie und steuern unser Verhalten und Denken. Wie Menschen mit ihren Gefühlen umgehen können, wie sehr sie auf sie eingehen und sie regulieren können, wie sie auf die Gefühle anderer Menschen reagieren, ist individuell sehr verschieden.

Der Erwerb emotionaler Fertigkeiten besitzt vor allem für die schulische und soziale Entwicklung von Kindern eine große Bedeutung. Denn emotionale Kompetenzen sind wichtige Basisfertigkeiten, mit denen Kinder die Anforderungen in Kita und Grundschule bewältigen.

Emotionale und soziale Kompetenz sind eng miteinander verknüpft. Sollen Kinder ihre sozialen Fertigkeiten erweitern, ist es unumgänglich, mit ihnen über Gefühle zu sprechen. Die Anregungen in diesem vierten Kapitel machen Vorschläge, wie Sie die **emotionale Kompetenz** in der Kita spielerisch fördern können. Die Kita bietet den Kindern hierzu ein ideales Lernumfeld, denn tagtäglich ergeben sich Gelegenheiten – sei es im Freispiel oder auch bei gezielten Angeboten –, um Kindern **Gefühle bewusst zu machen** und passende Verhaltensweisen aufzuzeigen und einzuüben. Die Kinder lernen, sich in andere **einzufühlen** und mit anderen **mitzufühlen**, und erwerben dabei wichtige Voraussetzungen, um in Konfliktsituationen gemeinsam eine Lösung zu finden.

Wir fühlen uns in dich ein und wissen, wie es dir geht!

Das lernen die Kinder in diesem Kapitel:

- Sie versuchen, eigene Gefühle und Bedürfnisse wahrzunehmen und einzuordnen.

- Sie erkennen den mimischen und gestischen Gefühlsausdruck von anderen Menschen.

- Sie drücken Gefühle nonverbal und verbal aus.

- Sie lernen verschiedene Wörter kennen, mit denen man Gefühle beschreiben kann.

- Sie entwickeln die Fähigkeit zur Empathie und lernen, angemessen auf die Gefühle anderer zu reagieren.

- Sie können zwischen innerem Erleben und äußerem Ausdruck eines Gefühls unterscheiden.

- Sie erkennen, dass man Emotionen selbst regulieren kann.

- Sie lernen, dass es verschiedene Worte gibt, um Gefühle zu beschreiben.

Der Mensch kann Wunder nur erleben, wenn er bereit ist,
sein Herz und seine Augen für sie zu öffnen.
(Augustinus von Hippo)

💡 Extra-Tipp für Sie

Da im Alltag oft die Worte für Gefühle fehlen, kann man in einer Teambesprechung oder bei einem Elternabend einmal Gefühlswörter sammeln. Das gesammelte Repertoire können Sie auf einem Plakat aufschreiben. Sie werden sehen: Die Wörter helfen Ihnen immer wieder, Ihren momentanen Gemütszustand zu beschreiben.

Spiele, Spiele, Spiele

Viele Erbsen rollen auf die Straße

Sozialform: Großgruppe
Alter: ab 3 Jahre
Material: keins
Zeit: 5–10 Minuten

So geht's:

Die Kinder sitzen im Kreis. Sprechen Sie gemeinsam: *„Viele Erbsen rollen auf die Straße und sind platt!"* (Auf „platt" klatschen die Kinder einmal in die Hände.) *„Oh, wie schade, jammer-jammer-schade!"* (Die Kinder falten die Hände und legen sie abwechselnd einmal links, einmal rechts an den Kopf.) Nun überlegen Sie zusammen, wie man den Satz noch sagen könnte, zum Beispiel traurig, wütend, fröhlich, ängstlich usw. Einigen Sie sich auf eine Variante, nachdem Sie eine passende Betonung dafür erprobt und beschlossen haben, und sprechen Sie jetzt traurig, wütend …

Gefühlswürfel

Sozialform: Kleingruppe
Alter: ab 5 Jahre
Material: Wechselwürfel
Zeit: je nach Anzahl der Kinder

So geht's:

Die Kinder sitzen im Kreis. Auf dem Gefühlswürfel befinden sich unterschiedliche Gefühlsgesichter für Freude, Trauer, Angst, Wut usw. Sie können auch Symbole verwenden, zum Beispiel die Faust für Wut, die Träne für Trauer, den lachenden Mund für Freude o. Ä. Ein Kind darf würfeln. Nun kann es zum gewürfelten Gefühlsbild eine Situation schildern, bei der es ihm so ergangen ist. Wie ist die Situation ausgegangen, wer war alles beteiligt?

Praxis-Tipp

Die Gefühlsbilder kann man gemeinsam mit Kindern gestalten, indem man Fotos der einzelnen Kinder macht und die Gefühlsgesichter ausdruckt und laminiert.

Handtuchhauen

Sozialform: Partnerspiel
Alter: ab 4 Jahre
Material: Matten, pro Paar ein Handtuch
Zeit: 10–15 Minuten

So geht's:

Die Paare finden sich je auf einer Matte zusammen, auf der bereits ein Handtuch liegt. Im Handtuch befindet sich ein Knoten. Ein Kind beginnt und haut so fest, wie es kann, das Handtuch auf die Matte. Das andere Kind feuert es an, bis es nicht mehr kann. Dann werden die Rollen getauscht. Ein Spiel zum Wut-Rauslassen.

Schneeballschlacht

Sozialform: Großgruppe
Alter: ab 3 Jahre
Material: Zeitungspapier
Zeit: 5–10 Minuten

So geht's:

Mit dem Zeitungspapier formen alle Kinder Schneebälle, indem sie es mit voller Kraft zerknüllen. Hat jedes Kind genügend vorbereitet, geht die Schneeballschlacht los. Die Kinder dürfen sich so lange mit den „Schneebällen" bewerfen, bis ein Signal (zum Beispiel Gongschlag) das Ende des Spiels ankündigt.

Der Panther bricht aus

Sozialform: Großgruppe
Alter: ab 3 Jahre
Material: Seil
Zeit: 5–10 Minuten

So geht's:

Alle Kinder bilden mit dem Tau einen Kreis. Ein Kind ist der Panther, der aus seinem Käfig ausbrechen möchte. Das Kind kann seine Wut ablassen, indem es versucht, mit aller Kraft am Seil zu ziehen oder zu drücken, um so den ganzen Kreis in Bewegung zu bringen. Ziel der anderen ist es, dem Panther seinen Ausbruch möglichst zu erschweren.

Westernrodeo

Sozialform: Partnerspiel
Alter: ab 4 Jahre
Material: eine Turnmatte für jedes Paar
Zeit: 5–10 Minuten

So geht's:

Ein Kind kniet sich auf die Matte nieder und übernimmt die Rolle des Stieres, das andere setzt sich als Reiter auf den Stier. Der Stier macht wilde Bewegungen und versucht, den Reiter herunterzuschütteln. Dieser probiert, sich so lang, wie möglich auf dem Rücken des Stieres zu halten. Fällt der Reiter herunter, werden die Rollen getauscht.

Kistenschlacht

Sozialform: Partnerspiel
Alter: ab 4 Jahre
Material: zwei Kisten oder kleine Turnkästen für jedes Paar, 2 Poolnudeln
Zeit: 5–10 Minuten

So geht's:

Die zwei Kinder knien auf der Kiste gegenüber. Mit der Poolnudel versucht jedes Kind, seinen „Gegner" von der Kiste herunterzuschlagen. Berührt ein Kind den Boden, so hat es verloren. Nun steigt das nächste in den Wettkampf ein. Wer bleibt bis zum Schluss übrig?

Praxis-Tipp

In einer Kita gab es immer wieder handgreifliche Auseinandersetzungen und Kräftemessen bei einem Jungen. Die Erzieherin führte daher einmal am Tag eine „Kampfarena" ein. Mit klaren Regeln und ausgerüstet mit Poolnudeln und Radhelmen stellte sich ein Kind dem anderem zum Kampf. Die Erzieherin berichtet, dass die Rangeleien mit der Zeit deutlich abnahmen, vor allem auch, weil sie die Kinder immer wieder auf die Möglichkeit zum Austoben in der Kampfarena ansprach: *„Spar dir deine Kraft für die Arena auf!"*

Socken schnappen

Sozialform: Kleingruppe
Alter: ab 3 Jahre
Material: Matte
Zeit: ca. 5 Minuten

So geht's:

Eine Kleingruppe von 4 bis 6 Kindern versammelt sich ohne Schuhe auf einer Matte. Nach einem Signal versuchen alle, sich gegenseitig die Socken zu stehlen. Wer als Erster drei Socken erbeutet hat, hat gewonnen. Einzige Bedingung: Dabei tun sich die Kinder nicht gegenseitig weh!

Wer hat wie viele Steine in seiner Hand?

Sozialform: Partnerspiel
Alter: ab 3 Jahre
Material: viele kleine Steine; (alternativ: Perlen oder Kleinmaterial)
Zeit: 10 Minuten

So geht's:

Jedes Kind erhält zehn Steine. Es werden Paare gebildet. Jedes Kind nimmt eine bestimmte Anzahl an Steinen in die Hand und streckt die geschlossene Hand seinem Partner entgegen. Nun versuchen beide, zu erraten, wie viele Steine der andere in der Hand hält. Wer richtig rät, bekommt die Steine des anderen, wer falsch liegt, muss seine Steine abgeben. Wer hat als Erster alle Steine seines Partners „gemopst".

Mein Wutdrahtkunstwerk

Sozialform: jedes Kind für sich
Alter: ab 4 Jahre
Material: Aluminiumdraht
Zeit: 2–5 Minuten

So geht's:

Die Kinder bekommen alle ein Stück Aluminiumdraht in die Hand. Alle Kinder probieren, den Draht nach Belieben zu verbiegen. Die fantasievollen Formen werden angeschaut. Erklären Sie den Kindern, dass man, wenn man wütend ist, noch mehr Kraft hat. Besprechen Sie zusammen, dass man diese Kraft nutzen könnte, um kleine Kunstwerke zu gestalten. Es wird ein Platz vereinbart, wo Aluminiumdraht immer zur Verfügung steht. Wenn ein Kind wütend ist, kann es sich dorthin zurückziehen und seine Wut am Draht auslassen.

Praxis-Tipp
Die entstandenen kleinen Kunstwerke könnte man sogar ausstellen.

Wuttrommeln

Sozialform: Kleingruppe
Alter: ab 4 Jahre
Material: eine Trommel für jedes Kind
Zeit: 5–10 Minuten

So geht's:

Erklären Sie den Kindern, dass man Wut mit einer Trommel ausdrücken kann. Durch die Trommel kann man seine Wut abreagieren, aber auch den anderen von seiner Wut erzählen. Welcher Rhythmus drückt am besten die inneren Gefühle aus?

- Laut oder kräftig, wenn ich große Wut verspüre?
- Leise und immer lauter werdend, wenn es in mir brodelt?
- Schneller Rhythmus, wenn ich auf das Schlagen meines Herzens höre?

Praxis-Tipp
Gemeinsam mit den Kindern können Sie verschiedene Wutrhythmen erproben: Eine Trommel können Sie im Raum zur Verfügung stellen. Die Kinder können sie bei Bedarf mit bestimmten Regeln benutzen. So kann ein Kind den anderen seinen aktuellen Gefühlszustand musikalisch-rhythmisch mitteilen.

Wir fühlen uns in dich ein und wissen, wie es dir geht!

Gefühlspantomime

Sozialform: Kleingruppe
Alter: ab 4 Jahre
Material: Gefühlskärtchen
Zeit: 10–15 Minuten

So geht's:

Die Kinder sitzen im Kreis. Ein Kind zieht eine Gefühlskarte und versucht, das dargestellte Gefühl mit seinem Körper auszudrücken. Können es die anderen erraten?

Mut-Tüchlein

Sozialform: Großgruppe
Alter: ab 3 Jahre
Material: Bilderbuch, kleine Seidentücher, Krepp-Papier, Wassersprühflasche
Zeit: 20–30 Minuten

So geht's:

Lesen Sie mit den Kindern das Bilderbuch von Ingrid Mylo „*Der magische Schal*" (siehe S. 81). Die Kinder können jetzt berichten, wovor sie Angst haben. Gemeinsam dürfen Sie nun ein Mut-Tüchlein basteln, das ihnen – in der Hosentasche versteckt – die Angst nehmen kann: Dazu suchen sich die Kinder Krepp-Papier in ihren zwei Lieblingsfarben aus und reißen es in kleine Stückchen. Bespritzen Sie das Seidentüchlein mit Wasser, und dann legen die Kinder die Papierfetzen darauf.

Achtung

Das Krepp-Papier färbt stark ab, evtl. benutzen Sie Gummihandschuhe und verwenden eine gute Unterlage. Wenn das Tuch anschließend gebügelt wird, übersteht es auch einen Waschgang!

Gefühle-Memory®

Sozialform: Kleingruppe
Alter: ab 3 Jahre
Material: Digitalkamera, Stift, Papier, Fotokarton; Laminiergerät
Zeit: 20–30 Minuten

So geht's:

Bitten Sie die Kinder, alle ihnen bekannten Gefühle zu benennen. Sie machen eine Sammlung auf Papier (vielleicht mit passenden Bildchen, die Sie rasch zeichnen, und dem passenden Wort darunter). Danach versuchen die Kinder, die Gefühle mimisch darzustellen. Machen Sie Fotos von dem Mienenspiel der Kinder. Diese drucken Sie 2-fach aus und laminieren sie. So kann ein Gefühle-Memory® entstehen, das allen Kindern zur Verfügung steht.

Weitere Praxisimpulse

 ## Gefühlssprüche

Angst
1-2-3-4-5-6-7,
die Angst kann mich heut
nicht kriegen.

Trauer
Ene mene meck,
Traurigkeit und Tränen
sind jetzt weg.

Wut
1-2, Wut geh' vorbei.
3-4, ruhig ist es jetzt in dir.

Freude
Ticke, tacke, tuft,
vor Freude spring ich
in die Luft.

 ## Lied zu den Gefühlen

Melodie: traditionell „Zeigt her eure Füße"
Text: Bernadette Grießmair

○ Zeig her die Gefühle, zeig her, wie's dir geht.
Zeig, wie's um dich und um alle von euch steht.

Bist du **glücklich**, bist du **glücklich**, dann tanz im Raum herum.
Bist du **traurig**, bist du **traurig**, dann wein doch einfach mal.
Bist zu **zornig**, bist du **zornig**, dann stampf mit einem Fuß.
Bist du **müde**, bist du **müde**, dann reck und streck dich fest.
Bist du **einsam**, bist du **einsam**, dann such dir einen Freund.
Bist zu **ängstlich**, bist du **ängstlich**, dann halte dich ganz fest.
Bist du **fröhlich**, bist du **fröhlich**, dann spring mal in die Luft.

Buchtipps

Bilderbücher:

Abedi, Isabel:
Hurra, gewonnen! – Mist, verloren! Carlsen, 2009.
ISBN: 978-3-551-04518-8

d'Allancé, Mireille:
Robbi regt sich auf. Moritz, 2008.
ISBN: 978-3-89565-191-5

Faustin, Charles:
Das sehr unfreundliche Krokodil.
Bloomsbury, 2003.
ISBN: 978-3-8270-5000-7

Kachler, Roland:
Wie ist das mit ... der Trauer.
Gabriel, 2007.
ISBN: 978-3-52230116-9

Langen, Annette:
Die kleine Motzkuh. Oder: Wie man die schlechte Laune verjagen kann. Coppenrath, 2011.
ISBN: 978-3-8157-2000-4

Lika, Gudrun:
Keine Angst vor gar nichts.
Tulipan, 2009.
ISBN: 978-3-939944-26-3

Mylo, Ingrid:
Der magische Schal. Bohem Press, 1986.
ISBN: 978-3-85581180-9

Nöstlinger, Christine:
Anna und die Wut. Bibliographisches Institut, 2007.
ISBN: 978-3-7941-5191-2

Scheffler, Axel:
Das Grüffelokind. Beltz, 2011.
ISBN: 978-3-407-79333-1

Schwarz, Britta:
Das kleine Wutmonster. Betz, 2012.
ISBN: 978-3-219-11529-1

Scuderi, Lucia:
Der Tag, an dem das Äffchen wütend war. Bohem Press, 2003.
ISBN: 978-3-85581-401-5

Stein, Mathilde:
Wie Hasenherz die Angst besiegte. cbj, 2006.
ISBN: 978-3-57013072-8

Varley, Susan:
Leb wohl, lieber Dachs. Betz, 2009.
ISBN: 978-3-219-10283-3

Praxisbücher:

Gerhard, Friedrich:
Mit Kindern Gefühle entdecken.
Emotionale und soziale Kompetenzen bei Kindern. Ein Vorlese-, Spiel- und Mitsingbuch. Beltz, 2008.
ISBN: 978-3-407-62616-5

Hille, Astrid:
Mächtig mutig. Ein Angst-weg-Buch. Velber, 2005.
ISBN: 978-3-86613-285-6

Kreul, Holde:
Ich und meine Gefühle. Emotionale Entwicklung für Kinder ab 5. Loewe, 2011.
ISBN: 978-3-7855-7293-1

Liebertz, Charmaine:
Spiele zur Herzensbildung.
Emotionale Intelligenz und soziales Lernen. Don Bosco, 2007.
ISBN: 978-3-7698-1612-9

Pfeffer, Simone:
Die Welt der Gefühle verstehen.
Wunderfitz-Arbeitsheft zur Förderung der emotionalen Kompetenz. Herder, 2005.
ISBN: 978-3-45126513-6

Fachbücher:

Petermann, Franz:
Emotionale Kompetenz bei Kindern. Hogrefe, 2008.
ISBN: 978-3-8017-2200-5

von Kanitz, Anja:
Emotionale Intelligenz.
Haufe-Lexware, 2012.
ISBN: 978-3-648-03504-7

Spielmaterialien

Reichling, Ursula; Wolters, Dorothee:
Hallo, wie geht es dir? Mit Bildkarten spielerisch Gefühle ausdrücken. 5–10 J. Verlag an der Ruhr, 2012.
ISBN 978-3-8346-2239-6

So kommen Sie ins Gespräch!

- Wie merke ich an meinem Körper, welche Gefühle ich gerade habe?
- Als ich einmal glücklich war/Angst hatte/unglücklich war/traurig war …
- Mein Lieblingsgefühl ist …
- Als es gut war, dass ich meine Gefühle gezeigt habe …
- Als ich ganz viel Mut hatte …
- Als ich jemandem geholfen habe, der Angst hatte/traurig war/ unglücklich war …
- Als mir jemand gesagt hat, dass er mich mag …
- Als ich einmal fast zu neugierig war …

Ein Stundenvorschlag

Alter: 4–6 Jahre
Zeit: 45 Minuten

Das lernen die Kinder in dieser Stunde:

- Sie lernen unterschiedliche Gefühle kennen und erfahren, wie sie sie ausdrücken können.
- Sie lernen Freude und Enttäuschung als zwei Erlebnisseiten kennen.
- Sie reflektieren über Gefühle.
- Sie schaffen gemeinsam etwas und erleben das Gefühl, stolz zu sein.

Wir fühlen uns in dich ein und wissen, wie es dir geht!

Zum Stundenablauf:

Zeit	Aktivität	Material
5 Min.	**Einstieg:** Singen Sie das „Lied zu den Gefühlen".	Liedtext (S. 80)
15 Min.	**Bilderbuch:** „Hurra gewonnen – Mist verloren" von Isabel Abedi	Buchtipps (S. 81)
15 Min.	**Gesprächskreis mit Impulsfragen:** ○ Wie geht es der kleinen Ziege (der kleinen Gans), als sie von der Geburtstagsfeier nach Hause gehen? ○ Wie fühlt sich die kleine Gans, als sie ihrem Vater vom Tag erzählt? ○ Wie geht es der kleinen Ziege, als sie ihrem Vater vom Tag erzählt? ○ Warum hat die Ziege tierisch angegeben? ○ Warum hat die Gans der Ziege die Krone vom Kopf gerissen? Wie ging es ihr dabei? ○ Warum tut die Gans der Ziege leid? ○ Warum geht es der Gans nicht gut, als sie über ihr Verhalten gegenüber der Ziege nachdenkt? Was hätte sie stattdessen tun sollen? ○ Wie geht es dir, wenn du verlierst/gewinnst? ○ Hast du mal nachgedacht, wie es deinem Freund/Freundin geht, wenn er/sie verliert/gewinnt?	
10 Min	**Abschluss:** Partnerspiel „Wer hat wie viele Steine in seiner Hand?"	Spiel (S. 76)

Streiten, aber fair!

Wir alle sind anders, aber du gehörst zu uns!

Freunde kann man sich nur machen,
wenn man selbst einer ist.
(Unbekannt)

Treffen sich Kinder in einer Kita-Gruppe, so haben sie (oder vielmehr ihre Eltern) sich den Großteil der Gruppe nicht selber ausgesucht. Ein gesundes Selbstwertgefühl und Gruppenbewusstsein erleichtern es Kindern, eine Beziehung mit anderen aufzunehmen. Trotzdem treffen zwangsläufig die unterschiedlichsten Charaktere aufeinander. In seiner Einzigartigkeit unterscheidet sich jedes Kind vom anderen, aber es gibt viele Gemeinsamkeiten, die erkannt und benannt werden müssen. Nur so kann Gemeinsamkeit entstehen und den Boden für ein konstruktives Konfliktlösen ebnen. Um in Konfliktsituationen gewaltfrei agieren zu können, muss man bereit sein, auf seinen „Konfliktgegner" einzugehen, mit ihm zu kooperieren. Interaktionsspiele und kooperative Gruppenübungen können die **Kooperationsbereitschaft** und **Anpassungsfähigkeit** fördern. Ist mir mein Gegenüber vertraut, so bin ich eher bereit, ihm Verständnis entgegenzubringen.

Als Erzieherin sind Sie durch Ihre Haltung verantwortlich, wie Kinder aufeinander zugehen, wie sie als Gruppe zusammenwachsen können. So können Sie die Kooperation in Ihrer Gruppe fördern:

- Zeigen Sie Interesse an den Kindern.
- Pflegen Sie einen partnerschaftlichen Umgang mit den Kindern.
- Nehmen Sie Rücksicht auf die Bedürfnisse und Wünsche der Kinder.
- Seien Sie geduldig.
- Verzichten Sie auf dominantes Verhalten.
- Unterstützen Sie die Kinder bei ihren Lernprozessen.

Damit die Kinder in ihrer Gruppe harmonieren, ist es wichtig, dass Sie **Zusammenhalt** lernen. Dafür bedarf es gegenseitigen **Interesses und Akzeptanz**. Mit den Anregungen aus diesem Kapitel helfen Sie den Kindern dabei, diese beiden Kompetenzen zu erwerben. Hier geht es erst einmal darum, jedes einzelne Kind in seinen Besonderheiten wahrzunehmen. Wo lassen sich Unterschiede, wo Gemeinsamkeiten feststellen? In einem zweiten Schritt geht es dann darum, das Zusammengehörigkeitsgefühl in der Gruppe zu stärken.

Das lernen die Kinder in diesem Kapitel:

- Sie erkennen, dass sie alle Mitglieder derselben Gruppe sind.
- Sie lernen andere Kinder in ihrer Besonderheit kennen und verstehen, wo es Gemeinsamkeiten und Unterschiede gibt.
- Sie sind bereit, die ihnen verteilten Rollen anzunehmen und auszuführen.
- Sie stärken ihr Selbstbewusstsein, indem sie von der Gruppe akzeptiert werden.
- Sie versuchen, aufeinander einzugehen und einander zu helfen.
- Sie probieren, gemeinsam Aufgaben zu lösen.

Spiele, Spiele, Spiele

Wo ist denn ein Platz frei?

Sozialform: Großgruppe
Alter: ab 3 Jahre
Material: keins
Zeit: 15 Minuten

So geht's:

Die Kinder sitzen im Stuhlkreis. Ein Kind steht in der Mitte, es hat keinen Platz. Es darf nun andere Kinder auffordern, den Platz zu wechseln, indem es bestimmte Merkmale vorgibt, zum Beispiel: Alle Kinder, die blonde Haare haben/die ein Haustier haben/die braune Augen haben/die ein Mädchen (Junge) sind/…, wechseln den Platz. Das Kind in der Mitte sucht sich so schnell wie möglich einen Platz. Nun ist das nächste Kind dran, das in dieser Runde übrig geblieben ist.

Flasche, dreh dich!

Sozialform: Großgruppe
Alter: ab 3 Jahre
Material: eine Flasche
Zeit: 20–30 Minuten

So geht's:

Alle Kinder sitzen im Kreis. Ein Kind darf die Flasche drehen. Bei einem Kind bleibt der Flaschenhals stehen, dieses darf eine vorher ausgemachte Frage beantworten. Mögliche Fragen:

- Was kannst du besonders gut?
- Welches Spiel spielst du am liebsten in der Kita?
- Was magst du nicht so gerne?
- Was möchtest du noch lernen?
- Was freut/ärgert dich besonders?
- ...

Drachenschatz

Sozialform: Kleingruppe
Alter: ab 4 Jahre
Material: Matte, buntes Tuch
Zeit: 10 Minuten

So geht's:

Ein Kind spielt den Drachen, der Mittagsschlaf halten soll, und legt sich auf die Matte in der Mitte der Turnhalle oder des Bewegungsraumes, das Tuch legt es neben sich. Die anderen Kinder warten an den Wänden, bis der Drache eingeschlafen ist. Nun versuchen sie, sich ganz leise anzuschleichen, um dem Drachen den Schatz (das Tuch) zu stehlen. Hört der Drache ein Geräusch, springt er auf und verzaubert jene Kinder, die sich noch bewegen, in einen Stein. Wer den Schatz schnappen kann, wird in der nächsten Runde Drache.

Dazu braucht es Mut!

Sozialform: Großgruppe
Alter: ab 3 Jahre
Material: keins
Zeit: je nach Anzahl der Kinder bis zu 30 Minuten

So geht's:

Besprechen Sie gemeinsam mit den Kindern in der Gruppe, welche Tätigkeit besonders viel Mut erfordert und wer bereit wäre, sie auszuprobieren. Zum Beispiel:

- sich alleine vor die Gruppe stellen und ein Lied singen
- auf einen Baum klettern
- eine Kerze im Raum vorsichtig herumtragen
- …

Praxis-Tipp

Die Kinder können ihr mutiges Ziel auch auf ein Blatt Papier malen, und, wenn sie ihr selbstgestecktes Ziel erreicht haben, dürfen sie das Bild ins Portfolio geben, frei nach dem Motto: DAS HABE ICH GESCHAFFT!

Drache, Prinz und Prinzessin

Sozialform: Großgruppe
Alter: ab 3 Jahre
Material: keins
Zeit: je nach Anzahl der Durchgänge

So geht's:

Die Kinder stehen sich in zwei Gruppen gegenüber. Jede Mannschaft macht für sich einvernehmlich aus, welche Figur sie geschlossen darstellen möchte. Auf ein akustisches Zeichen hin stellen beide Mannschaften zugleich ihre Figur dar. Welche Mannschaft schafft es als erste, drei Punkte zu haben?

Zu Figurendarstellung und Punkteverteilung:

Die Punkte erzielen die Mannschaften auf dieselbe Weise wie im bekannten Spiel „Schnick, Schnack, Schnuck" bzw. „Schere, Stein, Papier". Die Punktehierarchie in diesem Spiel folgt diesen Regeln: **Prinzessin** verzaubert den Prinzen *(Drehbewegungen mit dem Zeigefinger)*; **Prinz** erlegt den Drachen *(Bewegung, als ob er mit dem Schwert den Drachen erschlagen wollte)*; **Drache** raubt die Prinzessin *(Packbewegung mit beiden Händen)*.

Zauberknoten

Sozialform: Kleingruppe, später Großgruppe
Alter: ab 5 Jahre
Material: keins
Zeit: 10 Minuten

So geht's:

Die Kinder fassen sich zuerst an den Händen und bilden einen Kreis. Nun lassen sie sich los, strecken die Hände nach vorne und gehen mit geschlossenen Augen in die Mitte. Dort versuchen alle, eine andere Hand zu ergreifen. Der entstandene Knoten soll in Gemeinschaftsarbeit wieder entwirrt werden, ohne dass die Hände losgelassen werden.

Das Spiel können Sie symbolisch auch bei einer verzwickten Teamsituation einsetzen.

Erlösen

Sozialform: Großgruppe
Alter: ab 3 Jahre
Material: keins
Zeit: 5–10 Minuten

So geht's:

Ein Kind ist der Fänger. Die anderen Kinder laufen im Raum herum. Hat der Fänger ein Kind gefangen, stellt es sich mit gespreizten Beinen auf. Ein anderes Kind kann es erlösen, indem es durch die Beine kriecht. Das Spiel endet, sobald der Fänger alle Kinder gefangen hat. Schafft es ein Kind alleine als Fänger nicht, soll es sich ein anderes Kind zu Hilfe holen, und so versuchen zwei, die übrigen Kinder zu fangen.

Kleiderwettlauf

Sozialform: Großgruppe
Alter: ab 3 Jahre
Material: verschiedene Kleidungsstücke, jedes in 2-facher Stückzahl
Zeit: 10 Minuten

So geht's:

Die Kinder werden in zwei Gruppen geteilt. Vor jeder Gruppe liegt ein Kleiderhaufen. Aufgabe bei jeder Gruppe ist es, dass jedes Kind ein Kleidungsstück anzieht, damit zu einem Reifen läuft, der am anderen Raumende aufgestellt ist, das Kleidungsstück dort auszieht und wieder zurückläuft. Nun ist das nächste Kind mit Anziehen, Rennen und Ausziehen dran. Welche Mannschaft ist schneller beim Kleiderwettlauf?

Der Kaiser schickt die Soldaten aus

Sozialform: Großgruppe mit mindestens 16 Kindern
Alter: ab 5 Jahre
Material: keins; aber viel Platz
Zeit: 10–15 Minuten

So geht's:

Teilen Sie die Kinder in zwei Gruppen ein. In jeder Gruppe wird ein Kind zum „Kaiser" bestimmt. Die anderen Kinder aus den beiden Gruppen bilden je eine Reihe in 20 Metern Entfernung zueinander. Nun beginnt ein Kaiser, indem er ruft: *„Der Kaiser schickt seine Soldaten aus und schickt den/die (Name eines Kindes) zum Tor hinaus!"* Das genannte Kind läuft los und versucht, die gegnerische Kette zu durchbrechen. Gelingt dies, darf es einen gegnerischen Soldaten mitnehmen und in die eigene Reihe einreihen. Schafft es hingegen den „Durchbruch" nicht, gehört es der gegnerischen Mannschaft an. Anschließend schickt der andere Kaiser einen seiner Soldaten los. Der Kaiser kann sich auch selbst ausschicken, gehört aber erst nach dem dritten Fehlversuch der anderen Mannschaft an. In diesem Fall wäre das Spiel dann auch beendet. Sonst kann man nach einer bestimmten Zeit einfach abbrechen und schauen, welche Mannschaft die meisten Soldaten hat – diese ist die Siegermannschaft.

Flussüberquerung

Sozialform: Großgruppe
Alter: ab 4 Jahre
Material: Teppichfliesen
Zeit: 15 Minuten

So geht's:

Die Kinder werden je nach Anzahl in Mannschaften (max. 6 Kinder in einer Mannschaft) eingeteilt. Vor jeder Mannschaft werden Teppichfliesen ausgelegt. Diese sollen Steine symbolisieren, auf denen man den Fluss überqueren kann. Das erste Kind jeder Mannschaft fängt an und nennt eine gute Eigenschaft (Fähigkeit). Es darf dann einen „Stein" weitergehen. So geht es der Reihe nach weiter: Wer eine gute Eigenschaft nennen kann, darf weiter, aber nur, wenn vor ihm der Stein frei ist. Um als Mannschaft am schnellsten weiterzukommen, muss man den Vorderleuten helfen, gute Eigenschaften zu nennen. Die Mannschaft, die als erste das rettende Ufer erreicht, hat gewonnen.

Das gemeinsame Bild

Sozialform: Kleingruppen
Alter: ab 5 Jahre
Material: große Blätter, Buntstifte
Zeit: 20–25 Minuten

So geht's:

Die Kinder finden sich in 4er-Gruppen zusammen. Jedes Kind darf sich eine Holzfarbe aussuchen. Nun erhält jede Gruppe ein rundes, großes Blatt. Die Kinder setzen sich um das Blatt herum und beginnen, zu einer Instrumentalmusik zu zeichnen. Wichtig dabei ist es, dass die Kinder nicht sprechen. Nach einer Weile (5 Minuten) ertönt ein Signal, und das Blatt wird im Uhrzeigersinn gedreht. Nun dürfen sie Kinder bei der Zeichnung des anderen weitermalen. Nach vier Durchgängen ist die Zeichenstunde abgeschlossen.

> ### 💡 Extra-Tipp für Sie
> Das Spiel eignet sich auch zur Teamfindung und -identifizierung. Beim gemeinsamen Malen muss man Kompromisse eingehen, auf bereits Entstandenes aufbauen und damit umgehen, dass andere etwas fertigmachen, das man selbst begonnen hat. Nicht immer einfach!

Tierwettlauf

Sozialform: Großgruppe
Alter: ab 3 Jahre
Material: zwei etwa gleich große Kuscheltiere
Zeit: 5–10 Minuten

So geht's:

Die Kinder sitzen im Kreis. Ein Kuscheltier wird durch die Runde von Hände zu Hände gereicht. Das zweite Kuscheltier kreist ebenfalls und versucht, das erste zu fangen. Gelingt dies, so geht es in der anderen Richtung weiter.

Hausschuh-Salat

Sozialform: Großgruppe
Alter: ab 3 Jahre
Material: von jedem Kind ein Paar Hausschuhe
Zeit: 10–15 Minuten

So geht's:

Die Kinder sitzen im Kreis. In der Kreismitte liegen die Hausschuhe aller Kinder auf einem Haufen. Ein Kind nach dem anderen sucht nun ein Paar Schuhe heraus und ordnet sie dem richtigen Kind zu.

Variation:

Man kann dieses Spiel mit allen Gegenständen spielen, die die Kinder in der Kita haben, z. B. Jacken, Trinkbecher, Kissen usw.

Auf der Hängebrücke

Sozialform: Kleingruppe
Alter: ab 4 Jahre
Material: Langbank, evtl. Matten
Zeit: je nach Anzahl der Durchgänge

So geht's:

Bis zu sechs Kinder stehen auf einer Langbank (das ist die Hängebrücke über einem reißenden Fluss mit gefährlichen Krokodilen darin). Sagen Sie den Namen von zwei Kindern, die den Platz tauschen sollen. Wichtig ist dabei, dass man den Boden nicht berühren darf, da man ja auf einer „Hängebrücke" ist … Die anderen helfen natürlich, damit die beiden nicht in den „Fluss" fallen und von den Krokodilen gefressen werden.

Wir fahren nach Jerusalem, und alle kommen mit

Sozialform: Großgruppe
Alter: ab 3 Jahre
Material: CD-Player und fetzige Musik; einen Stuhl für jedes Kind
Zeit: je nach Anzahl der Kinder

So geht's:

Im Raum verteilt stehen so viele Stühle, wie Kinder mitspielen. Zur Musik laufen alle im Raum herum. Bei Musikstopp setzt sich jedes Kind auf einen Stuhl. Nehmen Sie bei jedem Durchgang einen Stuhl weg. Es scheidet aber kein Kind aus – jenes, das keinen Platz findet, setzt sich einfach auf den Schoss eines anderen. Im Laufe des Spieles müssen die Kinder also auf immer weniger Stühlen Platz finden, damit alle nach Jerusalem mitkommen können ….

Gut zu wissen

Die Spiele dieses Kapitels eignen sich ganz besonders für Gruppen, in denen es große Konkurrenz unter den einzelnen Kindern gibt. Hier bietet es sich an, diejenigen Kinder bei Wettspielen zusammenzunehmen, die am stärksten miteinander konkurrieren. Ein gemeinsames Ziel kann verbinden und für die Zukunft zusammenschweißen.

Weitere Praxisimpulse

 ## Verse für dicke Freunde

Ein Freund wie DU

Ein Freund wie DU, das ist der Hit, du stehst zu mir, machst alles mit! Ein Freund wie DU, der hilft mir sehr, darum schätze ich DICH immer mehr.

Gemeinsam stark

Anna mag Leonie, Hassan mag Marie. Tom und Jonas und auch Paul bilden die Baumeisterkompanie.

Mit einem Freund, da ist man stärker, mit einem Freund, da schafft man mehr. Und da gibt es keine Sache, die gemeinsam ist zu schwer.

Jedes Kind auf Erden wünscht sich jemanden, der es versteht, der gemeinsam mit ihm durchs Leben geht.

Ob arm, ob reich, ob groß, ob klein, willst DU mein bester Freund sein?

 ## So kommen Sie ins Gespräch!

- Mir gefällt an … besonders …
- Was habe ich gemeinsam mit einer Gruppe geschafft?
- Meine Lieblingsgruppe …
- Als ich einmal zu einer Gruppe gehören wollte …
- Was kann ich besonders gut?
- Auf was sind wir als Gruppe besonders stolz? Was haben wir schon alles zusammen erlebt und geschafft?
- Wann hat mir eine Gruppe mit anderen Kindern einmal richtig geholfen?

Buchtipps

Bilderbücher/Vorlesebücher:

Carolat, Greta:
Buddy Bär hilft seinem besten Freund. Arena, 2005.
ISBN: 978-3-401-08821-1

Heine, Helme:
Zum Glück gibt's Freunde. Die schönsten Abenteuer von Franz von Hahn, Johnny Mauser und dem dicken Waldemar in einem Band. Beltz, 2007.
ISBN: 978-3-407-74057-1

Vainio, Pirkko:
Gute Freunde. Findling, 2004.
ISBN: 978-3-937054-52-0

van Genechten, Guido:
Nicki und seine Freunde. Betz, 2004.
ISBN: 978-3219111453

Wagener, Gerda:
Der klitzekleine Hase und seine Freunde. Bohem Press, 1990.
ISBN: 978-3-85581-207-3

Weninger, Brigitte:
Einer für Alle – Alle für Einen! Minedition, 2012.
ISBN: 978-3-86566-034-3

Praxisbücher:

Völkening, Martin:
Meine stärksten kooperativen Spiele. Zusammenarbeitsspiele für jede und jeden. Rex, 2008.
ISBN: 978-3-7252-0776-3

Zöller, Elisabeth:
Wir sind dicke Freunde! Vorlesegeschichten vom Zusammenhalten und Abenteuer-Erleben. Ellermann, 2008.
ISBN: 978-3-7707-5965-1

Wir alle sind anders, aber du gehörst zu uns!

Ein Stundenvorschlag

Alter: 3–6 Jahre
Zeit: 40 Minuten

Das lernen die Kinder in dieser Stunde:

- Sie erkennen, dass alle Kinder Mitglieder einer Gruppe sind.
- Sie lernen andere in ihrer Besonderheit kennen.
- Sie sind stolz darauf, wenn sie gemeinsam Aufgaben lösen.

Zum Stundenablauf:

Zeit	Aktivität	Material
5 Min.	**Einstieg:** Spielen Sie zusammen das Spiel „Wo ist denn ein Platz frei?"	Spiel (S. 87)
15 Min.	**Bilderbuch:** Lesen Sie zusammen das Bilderbuch „Einer für Alle – Alle für Einen" von Brigitte Weninger.	Buchtipp (S. 99)
15 Min.	*Gesprächskreis mit Impulsfragen:* • Wie geht es den Tieren zu Beginn (und am Ende) der Geschichte? • Was kann jedes Tier besonders gut, wo tut es sich schwer? • Was kannst du besonders gut, wo brauchst du auch Hilfe von anderen? Wer könnte dich wann unterstützen? • Ist es für eine Freundschaft wichtig, alles zu können?	
5 Min.	**Abschluss:** Spielen Sie „Tierwettlauf".	Spiel (S. 95)

Wir setzen einander Grenzen, aber wir verletzen uns nicht!

*Wer lächelt, statt zu toben,
ist der Stärkere.
(Unbekannt)*

Die eigenen „*Grenzen*" zu kennen und diese auch angemessen nach außen repräsentieren zu können, ist eine Fähigkeit, die gelernt sein will. Kinder müssen wir daher anleiten, klar zu artikulieren, was sie mögen oder wollen und was nicht. In einem zweiten Schritt sollten sie dann lernen, wie sie ihren Standpunkt bzw. ihre Bedürfnisse und Wünsche nach außen angemessen vertreten können. Wenn Kinder von anderen einfordern, ihre Grenzen zu akzeptieren, so kann man sie auch anleiten, achtsam mit den Grenzen ihres Gegenübers umzugehen und so tolerant zu sein.

Ermutigen Sie die Kinder daher immer wieder, sich zu äußern, wenn ihnen etwas gefällt oder nicht gefällt, wenn sie etwas wollen oder nicht wollen. Seien Sie sensibel dafür, ob ein Kind beispielsweise bei einem Spiel nicht mitmachen will, weil es in seinen persönlichen Grenzen berührt wird, es sich vielleicht die Aufgabe nicht zutraut und dabei Angst hat, zu versagen, oder ob es vielleicht einfach nur keine Lust hat, mitzumachen. Fragen Sie nach, und entscheiden Sie sensibel, ob es angebracht ist, das Kind dennoch zum Mitmachen zu motivieren.

In diesem sechsten Kapitel helfen Sie den Kindern, ihre **Bedürfnisse** mit Hilfe von Ich-Botschaften klar **auszudrücken**. Die Kinder lernen, wie sie sich verhalten können, wenn sie geärgert oder gestört werden oder wenn ihnen etwas weggenommen wird.

So formuliert man Ich-Botschaften klar:

Ich bin … (eigenes *Gefühl* benennen), **wenn** … (störendes *Verhalten* des anderen anführen), **weil**… (*Auswirkungen* des Verhaltens auf mich), (evtl.) und ich **möchte**, dass …

Wichtig: Seien Sie selbst auch ein gutes Vorbild, indem Sie ebenfalls Ihre Bedürfnisse offen kommunizieren; nur wer Kindern gegenüber authentisch die eigenen Grenzen ausdrückt, kann von diesen dasselbe verlangen.

Am Schluss dieses Kapitels finden Sie auch noch einige Angebote, bei denen die Kinder lernen, Streitsituationen zu definieren und erste kreative Lösungsmöglichkeiten zu überlegen. Spielerisch führen Sie die Kinder an die Methode des Brainstormings heran, die dann im siebten und letzten Kapitel, in dem sich alles um das Thema Mediation dreht, zum Einsatz kommt. Bei diesen Übungen ist es sehr wichtig, dass Sie einen toleranten und wertfreien Umgang mit den verschiedensten Vorschlägen vorleben und so den Kindern die Zuversicht vermitteln, dass manch exotisch anmutende Lösung auch zum Erfolg führen kann.

Das lernen die Kinder in diesem Kapitel:

- Sie können die eigene Position behaupten und die eigenen Grenzen wahrnehmen.
- Sie versuchen, anderen die eigenen Grenzen gewaltfrei zu zeigen.
- Sie lernen, ihre Meinung in Ich-Botschaften zu formulieren.
- Sie denken sich verschiedene Lösungsmöglichkeiten für ein Problem aus und gehen auch auf die Vorschläge anderer ein.

Spiele, Spiele, Spiele

Ja und Nein

Sozialform: 3er-Gruppen
Alter: ab 4 Jahre
Material: keins
Zeit: 5–10 Minuten

So geht's:

Zwei Kinder stehen sich gegenüber, das dritte beobachtet. Beide Kinder einigen sich, welches „*Ja*" und welches „*Nein*" sagen möchte. Nun beginnen beide, nur dieses Wort zu sagen. Sie versuchen, damit den anderen zu überzeugen, indem sie ihr ganzes Gefühlsrepertoire auspacken (leise, laut, bestimmt, aggressiv, ängstlich, lachend, mit Körpereinsatz, Mimik usw.). Nach zwei Minuten werden die Rollen getauscht. Danach wird ausgewertet: Was war leichter, das „*Ja*" oder „*Nein*"? Was habe ich (als Beobachter) bei beiden gesehen?

Extra-Tipp für Sie

Spielen Sie das Spiel im Team, und reflektieren Sie, wer sich beim „Ja" und wer sich beim „Nein" wohler fühlt. Gehen Sie möglichen Gründen nach.

Meine Grenze, deine Grenze

Sozialform: Partnerspiel
Alter: ab 4 Jahre
Material: keins
Zeit: max. 5 Minuten

So geht's:

Die Kinder suchen sich einen Partner. Ein Kind überkreuzt die Hände, das andere Kind fasst die überkreuzten Hände. Nun beginnen beide, zu drücken. Sobald es einem Kind zu viel wird, sagt es laut „Stopp". Beide lassen die Hände los. Zum Abschluss reichen sie sich noch eine Hand und danken sich für die Fairness. Im Anschluss an das Spiel, können Sie zusammen mit den Kindern über Folgendes sprechen:

- War es schwierig, zu spüren, wann es zu doll wird?
- Hast du gleich aufgehört, zu drücken, als dein Partner „Stopp" gerufen hat?
- Was muss man immer beachten, um nicht selbst verletzt zu werden bzw. andere zu verletzen?

Mich bringt nichts aus der Ruhe

Sozialform: Partnerspiel
Alter: ab 5 Jahre
Material: Korb mit Perlen/Muggelsteinen (vorzugsweise zwei Farben oder Formen); 2 kleine Körbchen, evtl. Sanduhr
Zeit: 5–10 Minuten

So geht's:

Die Kinder suchen sich einen Partner. Ein Kind bekommt die Aufgabe, die Elemente aus dem großen Korb in die zwei kleinere umzusortieren, zum Beispiel alle eckigen Perlen in den linken Korb, alle runden in den rechten. Das andere Kind darf dem sortierenden Kind Schimpfworte an den Kopf werfen. Das arbeitende Kind soll diese „abprallen" lassen und ruhig und konzentriert weiterarbeiten. Schafft es das, die Aufgabe zu lösen, bis eine bestimmte Zeit vergangen ist (Sanduhr), dann hat es gewonnen. Gelingt es jedoch dem anderen Kind, es mit seinen Trietzereien so abzulenken, dass es die Aufgabe nicht erledigen kann, hat das andere Kind gewonnen. **Achtung:** Das arbeitende Kind darf nicht berührt werden!

Tipp:
Sprechen Sie mit den Kindern im Nachgang darüber, wie sie sich gefühlt haben während des Spiels, zum Beispiel: Wie hast du ich gefühlt, als du beschimpft wurdest? Wie hast du es geschafft, ruhig zu bleiben? Was war dabei hilfreich?

Praxis-Tipp

Machen Sie mit den Kindern im Vorfeld aus, welche Schimpfwörter man benutzen darf. Hier gilt es, keine Beleidigungen zuzulassen, sondern kreative Wortgebilde zu erfinden, die zudem lustig sein können.

Mein Wohlfühlabstand

Sozialform: Kleingruppe
Alter: ab 5 Jahre
Material: Kreide
Zeit: 10–15 Minuten

So geht's:

Ein Kind stellt sich an eine Stelle im Raum, ein anderes Kind nähert sich diesem, bis es dem ersten zu eng wird. Nun ziehen Sie mit Kreide einen Kreis um das Kind herum, der den Wohlfühlabstand symbolisieren soll. Waren alle Kinder dran, kann man die Kreidekreise vergleichen (man kann auch den Radius als Wohlfühlabstand ausmessen). Warum sind nicht alle Kreise gleich groß?

Tipp:
Schreiben Sie den Namen des jeweiligen Kindes an den betreffenden Kreis. Dann können Sie besser vergleichen.

Autowaschanlage

Sozialform: Kleingruppe
Alter: ab 4 Jahre
Material: Matten und Kästen für den Tunnel; Rollbrett; Tücher; Schwämme; Pinsel; Tennisbälle; Igelbälle; Luftpumpen
Zeit: je nach Anzahl der Kinder

So geht's:

Stellen Sie die Kästen in ca. einem Meter Abstand gegenüber auf. Eine Matte klemmen Sie im Bogen zwischen die beiden Kästen, sodass ein Tunnel entsteht. Das ist die Waschanlage. Ein Kind fährt auf einem Rollbrett in die Waschanlage hinein, die anderen Kinder sind die Mitarbeiter der Waschanlage und rüsten sich mit den Utensilien aus. Das einfahrende Kind kann sich entscheiden, welches Waschprogramm es wählt (Sparprogramm, Normalprogramm, Superpolitur usw.). Die Mitarbeiter der Waschanlage brauchen die Utensilien wie folgt: Die Tücher, Schwämme und Pinsel sind zum Einseifen da, die Bälle dienen zum Polieren, die Luftpumpen für das Gebläse usw. Ist das Auto fertiggewaschen, verlässt es die Anlage, und das nächste Auto ist an der Reihe.

1, 2 oder 3

Sozialform: Kleingruppe
Alter: ab 5 Jahre
Material: 3 Matten mit Nummerierung und farblicher Kennzeichnung
Zeit: je nach Anzahl der Durchgänge

So geht's:

Erklären Sie den Kindern, dass man zu unterschiedlichen Themen nicht einer Meinung sein muss: Man kann zustimmen, nicht dafür sein oder keine Meinung haben. Für jede dieser drei Varianten bieten Sie den Kindern nun eine Matte als Entscheidungs-Kennzeichen an:

- **Matte 1 (Grün):** Wenn ich mich auf ihr einfinde, dann bin ich einverstanden (=> JA).

- **Matte 2 (Weiß):** Wenn ich mich auf ihr einfinde, dann weiß ich nicht so recht bzw. habe keine Meinung zu dem Thema/der Aussage (=> NAJA).

- **Matte 3 (Rot):** Wenn ich mich auf ihr einfinde, dann bin ich dagegen (=> NEIN).

Lesen Sie nun eine Aussage vor. Die Kinder überlegen kurz, und auf „1, 2 oder 3" finden sie sich auf einer Matte ihrer Wahl ein. Wenn alle Kinder ihre Entscheidung getroffen haben, fragen Sie einige Kinder auf Matte 1 oder 3, warum sie sich für diesen Platz entschieden haben. Es besteht danach noch die Möglichkeit, die „neutralen" Kinder mit Argumenten zu einer Meinungsänderung zu überzeugen.

Praxis-Tipp

Diese Aussagen können Sie den Kindern als Impulse für eine Meinungsäußerung anbieten: *Meine Mama hat immer Recht./Schmutzig werden ist doof./Mit vollem Mund darf man nicht reden./Mädchen können nicht Fußball spielen.* etc.

Ich-Sager gewinnen

Sozialform: Partnerspiel
Alter: ab 4 Jahre
Material: Edelsteine oder etwas anderes „Wertvolles"
Zeit: je nach Anzahl der Durchgänge

So geht's:

Zwei Kinder setzen sich in die Mitte, die anderen bilden außen darum herum einen Kreis. Zwischen die beiden Kinder legen Sie einen Edelstein. Nun sollen die Kinder abwechselnd eine Ich-Botschaft formulieren: *Ich bin traurig, wenn …; Ich möchte, dass …* um den Edelstein zu bekommen. Fällt das Wort „du", hat das Kind verloren und muss dem Sieger den Edelstein überlassen. Dieser tritt dann gegen ein anderes Kind an. Die Kinder außen passen auf und melden sofort zurück, sobald sie ein „du" hören.

Meckerstunde

Sozialform: Kleingruppe
Alter: ab 4 Jahre
Material: keins
Zeit: 5-10 Minuten

So geht's:

Einmal in der Woche treffen sich die Kinder in der Kleingruppe, und jedes darf dann vorbringen, was es gerade stört. Jedes Thema kann angeschnitten werden, Voraussetzung ist aber eine sachliche Kritik und keine Anschuldigungen. Gemeinsam können dann Verbesserungsvorschläge gesammelt werden.

Wir setzen einander Grenzen, aber wir verletzen uns nicht!

Praxis-Tipp

Die Meckerstunde ist ein guter Beitrag zur Partizipation der Kinder. Auch auf Erwachsenenebene kann eine solche Möglichkeit das Miteinander, zum Beispiel mit der Elternschaft, stärken. Konstruktiv vorgetragene Kritik und ein darauffolgendes gemeinsames Gespräch schaffen Missverständnisse aus der Welt und fördern ein konstruktives Miteinander.

Wer hilft mir?

*Wenn jemand ein Problem erkannt hat
und nichts zur Lösung des Problems beiträgt,
ist er selbst ein Teil des Problems.
(Indianische Weisheit)*

Sozialform: Kleingruppe
Alter: ab 5 Jahre
Material: keins
Zeit: 15- 20 Minuten

So geht's:

Schildern Sie Situationen, in denen ein Missgeschick passiert ist. Die Kinder sollen Lösungsvorschläge machen. Die ganze Geschichte wird dann nachgespielt. Hier ein paar Beispiele für mögliche Situationen:

- Am Morgen in der Kita finde ich mein Legoauto kaputt in der Ecke.
- Ich wollte ausschneiden, jemand zerreißt mir das Papier.
- Ich bin hingefallen und meine Hand blutet.
- Ich habe mir das Trinkglas umgestoßen.
- Jemand nimmt mir mein Spielzeug weg.
- Jemand kritzelt in mein Portfolio.

Wunschwolken zeichnen

Sozialform: Kleingruppe
Alter: ab 5 Jahre
Material: Zeichenblätter mit Wolken darauf; Stift
Zeit: ca. 20 Minuten

So geht's:

Ein Kind berichtet eine Situation, die sich in der Kita zugetragen hat, in der es sich geärgert hat oder es etwas gestört hat. Nun kann es in seine „Wunschwolke" eine Möglichkeit zeichnen, was es gegen seine unguten Gefühle tun könnte. Die anderen Kinder helfen, indem sie Lösungsvorschläge einbringen. Danach kommt ein anderes Kind dran.

Das Missgeschick

Sozialform: Kleingruppe
Alter: ab 4 Jahre
Material: Zeichenblätter, Stifte
Zeit: ca. 20 Minuten

So geht's:

Lesen Sie den Kindern die folgende kurze Geschichte vor: *Paula ist alleine zu Hause. Sie möchte gerne Schokolade essen. Ihre Mutter hat die Tafel Schokolade in den Küchenschrank gepackt, weil sie nicht will, dass Paula nascht. Paula nimmt einen Stuhl und steigt hinauf. Als sie die Schokolade aus dem Schrankfach rausziehen will, fällt ihr versehentlich die teure Vase von Tante Irmi auf den Boden und zerbricht. Was soll Paula nun machen?* Die Kinder malen jedes für sich die Lösungsmöglichkeiten auf ein Blatt Papier. Anschließend wird gemeinsam diskutiert: Was wäre eine gute Lösung, was eine weniger gute?

Was kann daraus werden?

Sozialform: Kleingruppe
Alter: ab 5 Jahre
Material: vorgefertigte Zeichenblätter oder Fotos; Malutensilien
Zeit: 20–25 Minuten

So geht's:

Sagen Sie den Kindern, dass es, wenn man etwas macht, oft viele Möglichkeiten gibt, sich für eine Lösung oder einen Weg zu entscheiden. Und dabei kann die eine Lösung genauso gut sein wie eine andere Lösung. Geben Sie den Kindern anschließend vorgefertigte Zeichenblätter mit einem halbfertigen Motiv, das die Kinder fertigmalen dürfen. Was kann zum Beispiel aus einem roten Kreis werden? Die Kinder gestalten ihr Blatt und stellen es mit ihren Erklärungen den anderen Kindern vor.

Praxis-Tipp

Das Bilderbuch „Was ist das?" von Antje Damm (siehe S. 113) eignet sich hervorragend zum Raten und Diskutieren. Ebenso können Sie sich mit den Kindern als Fotografen auf den Weg machen und Ausschnitte von Gegenständen fotografieren, die dann andere erraten sollen. Die fotografierten Gegenstände können auch ausgedruckt und auf ein Blatt Papier geklebt werden. Welche Ideen entstehen beim Ergänzen?

Weitere Praxisimpulse

 ## Will-Spruch

Wenn ich etwas gar nicht will,
bin ich alles, nur nicht still.
Ich sag dem anderen, was ich nicht mag.
Und das tu ich Tag für Tag.
Nein zu sagen, braucht auch Mut.
Wenn ich's schaffe, geht's mir gut.

 ## Buchtipps

Bilderbücher/Vorlesebücher:

Bartoli, Petra; Tsalos, Ellen:
Geschichten vom Nein-Sagen.
Verlag an der Ruhr, 2009.
ISBN 978-3-8346-0605-1

Braun, Gisela:
Das große und das kleine Nein.
Verlag an der Ruhr, 1991.
ISBN: 978-3-927279-81-0

Bröger, Achim:
Florian passt auf sich auf.
Geschichten vom Neinsagen und
Selbstbestimmen. Arena, 2007.
ISBN: 978-3-401-08854-9

Damm, Antje:
Was ist das? Ein Spiel- und
Ratebuch. Gerstenberg, 2009.
ISBN: 978-3-8369-5231-6

Schneider, Sylvia:
Lass das, ich hass das! Kinder
lernen Nein zu sagen. Betz, 2005.
ISBN: 978-3-219-11213-9

Zöller, Elisabeth:
Stopp, das will ich nicht! Vorlese-
geschichten vom Neinsagen und
Grenzen-Ziehen. Ellermann, 2007.
ISBN: 978-3-7707-2915-9

Fachbücher:

Baum, Tanja:
Die Kunst, freundlich „Nein" zu sagen. Konsequent und positiv durch Beruf und Alltag. Redline Wirtschaftsverlag, 2008.
ISBN: 978-3-636-01589-1

Cloud, Henry:
Nein sagen ohne Schuldgefühle. Gesunde Grenzen setzen. SCM Hänssler, 2008.
ISBN: 978-3-7751-4953-2

Nitsch, Cornelia:
Starke Kinder sagen Nein. Wie Ihr Kind selbstbewusst durchs Leben geht und sich besser vor Gefahren schützen kann. Droemer/Knaur, 2005.
ISBN: 978-3-426-64238-2

Schneider, Sylvia:
Das Stark-mach-Buch. Wie Kinder selbstbewusst und sicher werden. Urania, 2006.
ISBN: 978-3-419-53026-9

So kommen Sie ins Gespräch!

- Darf man immer „Nein" sagen? Wann schon, wann eher nicht?
- Als ich einmal „Nein" sagen wollte, mich aber nicht getraut habe …
- Mit wem streite ich mich oft?
- Wie geht es mir, wenn ich mich streite?
- Als mir einmal eine ganz tolle Lösung eingefallen ist …

Ein Stundenvorschlag

Alter: 4–6 Jahre
Zeit: 40–50 Minuten

Das lernen die Kinder in dieser Stunde:

- Sie lernen Geschichten mit offenem Ausgang kennen.
- Sie versuchen, kreative Lösungen für ein Problem zu finden.
- Sie lernen die Unterschiede in der Art des Lösungsweges kennen.
- Sie verstehen, dass es verschiedene Möglichkeiten gibt, ein Problem anzugehen, und dass man die Lösungen eines jeden würdigen soll.

Zum Stundenablauf:

Zeit	Aktivität	Material
15 Min.	*Einstieg:* Erzählen Sie den Kindern eine erfundene Geschichte. Diese soll die Kinder an die eigentliche kreative Arbeit heranführen. Sie können diese frei zur Beispielgeschichte (s. u.) erfinden, Hauptsache, die Geschichte macht die Kinder neugierig und motiviert sie, sie zu Ende zu erzählen.	Beispielgeschichte (S. 116)
20 Min.	**Ein Problem kreativ gestalten:** *Stellen Sie den Kindern im Anschluss an die Geschichte ein Blatt Papier mit einem braunen Quadrat darauf zur Verfügung. Sie sollen nun dazu zeichnen, was sie möchten. (In Anlehnung an das Spiel „Was kann daraus werden?", S. 112)*	Zeichenblätter (DIN A3), Farbstifte

Wir setzen einander Grenzen, aber wir verletzen uns nicht!

Abschluss: Sprechen Sie mit den Kindern über ihre Ideen, was in der Kiste verborgen sein könnte und was die Maus Anastasia damit alles erlebt, und lassen Sie sie dazu einander ihre Zeichnung präsentieren. Die Bilder hängen Sie schließlich an einer Wäscheschnur im Gruppenraum auf. Nachdem jedes Kind seine Ideen präsentieren konnte, sprechen Sie auch über die Aufgabe selbst. Hier finden Sie ein paar Impulsfragen für Ihr Reflexionsgespräch:

- Was habe ich gezeichnet?
- Was war schwierig, was war leicht?
- Warum habe ich mich für dieses Motiv/diesen Ausgang der Geschichte entschieden?
- Was fällt euch auf, wenn ihr alle Zeichnungen betrachtet?
- Wo gibt es Ähnlichkeiten, wo Unterschiede und warum?

10 Min.

Wäscheschnur und Wäscheklammern

Beispielgeschichte:

Die Maus Anastasia ist ein sehr neugieriges Tier. Immer wenn sie des Nachts aus ihrem Mauseloch schlüpft, hat sie verschiedene Abenteuer zu bestehen. Am letzten Mittwoch nun, als sie wieder, nachdem die Sonne untergegangen war, aus ihrem Bau kroch, da sah sie schon von Weitem etwas Großes, Braunes im Gras liegen. Behutsam schlich sich Anastasia an das Ding heran, ging vorsichtig um den Gegenstand herum und sah, dass es sich um eine Kiste handelte, die die Menschen wahrscheinlich im Wald vergessen hatten. Anastasia legte ihr Ohr an die Kiste, konnte aber nicht hören, was in der Kiste drin war …

Wir sind nicht einer Meinung, aber wir können Konflikte lösen!

*Hätten sie nicht gestritten,
wären sie nie Freunde geworden.
(fernöstliche Weisheit)*

Die Kita ist ein Ort, in dem Kinder in den unterschiedlichsten Momenten mit konflikthaften Situationen konfrontiert sind. Konflikte sind ein natürlicher Bestandteil jeder Beziehung. Nicht immer einer Meinung zu sein, heißt nicht zwangsläufig, dass man nicht miteinander kann. Viele Streitereien wären absolut überflüssig und würden sich schnell aus der Welt schaffen lassen, würden die Konfliktpartner nur mehr miteinander reden. In manchen Situationen ist jedoch eine Konflikt-Aufarbeitung unumgänglich, ein nicht aufgearbeiteter Konflikt würde sicherlich zu einem späteren Zeitpunkt wieder aktuell werden. Für Kinder ist es also ein Lernprozess, Konflikten zu begegnen, sie auszuhalten und die **eigene Konfliktfähigkeit** zu entwickeln. Um eine effiziente und faire Strategie zum **Konfliktlösen** entwickeln zu können, bedarf es der Unterstützung durch Sie als Erzieherin. Diese Unterstützung kann auf mehreren Ebenen erfolgen:

Lassen Sie die Kinder am Modell lernen. Welche Haltung vertreten Sie als Erzieherin Konflikten gegenüber und übertragen sie indirekt auf das Gruppenklima?

Unterstützen Sie die Kinder in ihrer sprachlichen Ausdruckfähigkeit. Das gelingt Ihnen, wenn Sie bewusst Ich-Botschaften verwenden und in unterschiedlichen konflikthaften Situationen gezielte prozessorientierte Fragen stellen.

Ermuntern Sie die Kinder, für sich selbst Grenzen zu setzen. Was mag das Kind, was mag es nicht? Wo ist es legitim, sich abzugrenzen? Wie

kann man seine Grenzen sprachlich so ausdrücken, dass man andere nicht verletzt?

Zeigen Sie Kindern ein Konfliktlösemodell auf. Als Erzieherin können Sie Kindern ein Modell anbieten, indem sie zuerst als Vermittlerin aktiv sind und später auch den Kindern diese Rolle zutrauen.

Dieses siebte Kapitel ist ein bisschen anders aufgebaut als die vorhergehenden Kapitel. Eine kleine Spielauswahl beschäftigt sich mit dem Thema Konflikte als solche. Mit kleinen Geschichten und Bildern können Sie die Kinder an eine konstruktive Konfliktkultur heranführen.

Ein großer Schwerpunkt ist aber den **5 Schritten der Mediation** gewidmet. Diese sollten Sie mit den Kindern zunächst besprechen und dann immer wieder üben.

Das lernen die Kinder in diesem Kapitel:

- Sie sind bereit, in Streitsituationen zu verhandeln.
- Sie helfen anderen Kindern, in Streitfällen eine gute, einvernehmliche Lösung zu finden.
- Sie lernen, selbst Streitschlichter zu sein.

Spiele, Spiele, Spiele

Schiffbruch

Sozialform: Kleingruppe
Alter: ab 4 Jahre
Material: Reifen; Sammlung von Gegenständen
Zeit: 10 Minuten

So geht's:

Erzählen Sie den Kindern die Geschichte eines großen Ozeandampfers, der durch die Weltmeere fährt. Plötzlich erleidet das Schiff Schiffbruch. Jedes Kind kann nun zwei seiner liebsten Spielsachen retten (die Spielsachen haben die Kinder vorher im Gruppenraum oder aus einer vorher ausgewählten Sammlung von Gegenständen zusammengetragen). Sobald alle Kinder zwei Gegenstände gefunden haben, werden die „Rettungsboote" zu Wasser gelassen. Jeweils zwei Kinder werden einem Rettungsboot zugeteilt. Da aber nicht unbegrenzt Platz ist, dürfen sie nur zwei Gegenstände mitnehmen. Die Kinder müssen aus den vier ausgesuchten Sachen wählen. Im Anschluss an die Rettungsrunde sprechen Sie mit den Kindern über folgende Fragen:

- Wie konntet ihr euch einigen/eine Lösung finden?
- Wer konnte zwei seiner Gegenstände mitbringen, wer keinen und warum?
- Wie geht es euch beiden bei dem Ergebnis?

Praxis-Tipp

Während die Kinder versuchen, eine Lösung zu finden, achten Sie genau darauf: Wie sind die 2er-Gruppen zu der Einigung gekommen? Wie einigen sich die Kinder? Wie finden sie eine Lösung? Wer kann zwei/wer keinen seiner Gegenstände mitnehmen und warum?

Variante:

Man kann auch am Vortag des Spiels die Kinder anleiten, dass sie zwei Lieblingsstücke von zu Hause mitbringen – so handelt es sich wirklich um persönlich wichtige Dinge, und die Entscheidung fällt umso schwerer. Man kann auch die Rettungsboote in einem zweiten Durchgang „halbieren" und nun vier Kinder eine Einigung für vier Gegenstände erzielen lassen, allerdings müssen die Kinder hier in der ersten Warmwerd-Runde mit jeweils vier Gegenständen beginnen; nur so hat jedes die Chance, am Schluss wenigstens einen Gegenstand „retten" zu können.

Was nehmen wir mit?

Sozialform: Kleingruppe mit bis zu 5 Kindern
Alter: ab 4 Jahre
Material: Anschauungsmaterial zu den einzelnen Beispielen
Zeit: 10 Minuten

So geht's:

Erzählen Sie den Kindern, dass sie einen Koffer packen dürfen für eine Reise, zum Beispiel an den Nordpol. Stellen Sie den Kindern mindestens 8–10 Gegenstände, die zu ihrem Reiseziel passen, zur Verfügung. Die Kinder müssen sich nun beim Kofferpacken auf drei Gegenstände einigen. Dabei ist es wichtig, dass alle in der Gruppe gehört werden. Wer kann die anderen mit seinen Argumenten überzeugen? Wie können sich die Kinder einigen? Sind alle an der Entscheidung beteiligt und tragen sie mit?

Praxis-Tipp

Hier finden Sie ein paar Beispiele für Ihre Reise- und Ausflugsziele mit passenden Materialien: **Waldspaziergang** => Decke, Ball, Brote, Saft, Seile, Lupe, Landkarte … **Urlaub am Meer** => Badeanzug, Schlauchboot, Sandspielzeug, Strandhandtuch, Kühltasche, Buch, Taucherbrille … **Übernachtung bei der Oma** => Pyjama, Zahnbürste, Lieblingsbuch, Spielsachen, Geschenk für die Oma, Regenjacke …

Eins für dich, eins für mich oder für uns beide? …

Sozialform: Partnerspiel
Alter: ab 4 Jahre
Material: pro Paar ein kleiner Teller; Kekse
Zeit: 10-15 Minuten

So geht's:

Die Kinder finden sich zu Paaren zusammen. Erklären Sie, dass jedes Paar nun einen Keks bekommen wird, der in die Mitte auf den Teller gelegt wird. Den Keks darf kein Kind nehmen und selber essen, sondern es muss ihn vom anderen Kind erhalten. Die Aufgabe beginnt. Wie lösen die Kinder dieses „Problem"? Sobald alle Kekse gegessen sind, sprechen Sie mit den Kindern über diese Punkte:

- Wie habt ihr die Aufgabe gelöst? Hat ein Kind den Keks bekommen? Warum? Habt ihr geteilt?

- Wie findet ihr eure Lösung des Keksproblems?

Nun können Sie das Spiel nochmals wiederholen, indem Sie für die Partner nochmals einen Keks auf den Teller legt. Beobachten Sie jetzt, ob nun bei allen eine gerechte Verteilung erfolgt, d.h. ob der Keks geteilt wird, oder ob nun das Kind einen Keks erhält, das noch nichts hatte, oder ob ein Kind zwei Kekse bekommt.

Ein Streitbild

Sozialform: Kleingruppe
Alter: ab 5 Jahre
Material: Malpapier; Stifte
Zeit: 20-25 Minuten

So geht's:

Besprechen Sie mit den Kindern die unterschiedlichen Gefühle, die in einer Streitsituation aufkommen können. Im Anschluss versuchen die Kinder, diese malerisch darzustellen.

Da ist er plötzlich, der Konflikt!

Sozialform: Kleingruppe
Alter: ab 5 Jahre
Material: Geschichte; Blatt zum Aufschreiben oder Aufmalen
Zeit: 20–30 Minuten

So geht's:

Lesen Sie den Kindern die Geschichte (s. u.) vor. Im Anschluss darf ein Kind aus der Runde die Geschichte zusammenfassen.

So ein mieser Morgen

Es ist Montagmorgen, und Mama hat schon zum dritten Mal nach Simon gerufen. Wenn er nicht bald aufstehen würde, würde sie es nicht mehr rechtzeitig schaffen, ihn pünktlich in den Kindergarten zu bringen. Simon seufzt, das Bett ist noch so kuschelig und überhaupt: Draußen ist schon wieder Regenwetter. Warum kann er heute nicht noch im Bett bleiben? Langsam steht er auf und sieht im Vorbeigehen, dass sein neuer Kindergartenrucksack völlig verdreckt an der Garderobe hängt. „Was ist mit meinem neuen Rucksack passiert?", schreit er seine Mama an. Diese weiß auch nicht so genau, warum er so schmutzig ist. Sie sagt, dass Simons großer Bruder ihn gestern zuletzt hatte. Wütend zieht sich Simon an und frühstückt. Schade, dass sein Rucksack so verdreckt ist, er hätte ihn heute gern seinen Freunden gezeigt, aber leider ist das Spiderman-Abbild fast nicht mehr zu erkennen. Mama drängt ihn jetzt, sich zu beeilen. Beim Hinauslaufen stolpert Simon noch und reißt sich ein Loch in seine Hose, und da beginnt auch noch sein Knie, zu bluten. Er weint, und Mama muss seine Wunde verarzten, bevor er in die Kita gehen kann. Simon ist traurig, das Knie brennt furchtbar, und jetzt kommt er auch noch zu spät zum Morgenkreis. Vor der Kita treffen Simon und Mama dann Matthias und seine Mama. Die beiden sind auch zu spät. Matthias spielt Fußball gegen das Eingangstor der Kita. Während sich die beiden Mamas kurz unterhalten, schießt Matthias seinen Ball versehentlich etwas zu fest, sodass er vom Eingangstor abprallt und Simon genau auf den Kopf trifft. Simon schreit empört: „Au, kannst du nicht aufpassen, du bloder, dicker Matthias?" Wütend wirft er Matthias den Ball mit voller Kraft in seinen Bauch. Matthias beschwert sich: „Selber blöder Simon. Ich habe dich nicht absichtlich getroffen!" Auch Matthias lässt den Angriff nicht auf sich sitzen und stößt Simon mit seinem Fuß gegen das Schienbein. Die zwei beginnen, sich zu schubsen und zu treten, und plötzlich liegen beide rangelnd am Boden …

Nachdem die Kinder die Geschichte zusammengefasst haben, entwickelt sich ein Gespräch. Hier können Sie über diese Fragen sprechen:

- Warum haben sich Simon und Matthias gestritten?
- Wie hättest du dich an Simons Stelle verhalten, wenn du den Ball an den Kopf bekommen hättest?
- Warum konnten Simon und Matthias ihren Streit nicht friedlich klären?
- Bist du auch manchmal so wütend, dass du ein Problem gar nicht friedlich lösen willst?
- Was hätte Simon tun können, ohne Matthias zu verletzen?
- Hast du so einen Streit auch schon einmal gehabt?

Praxis-Tipp

Zum Abschluss dürfen die Kinder Vorschläge machen und erzählen, wie die Geschichte friedlich zu Ende gehen könnte. Oder sie malen das friedliche Ende der Geschichte auf.

Ich will meins wieder haben!

Sozialform: Partnerspiel
Alter: ab 4 Jahre
Material: mitgebrachte Spielsachen
Zeit: 10–15 Minuten

So geht's:

Die Kinder finden sich zu Paaren zusammen, ein Kind gibt dem anderen sein Spielzeug. Bitten Sie die Kinder nun, sich vorzustellen, dass ihnen das andere Kind das Spielzeug weggenommen hätte und dass sie es zurückhaben möchten. Beobachten Sie die Kinder dabei, welche Strategie sie entwickeln, um ihr Spielzeug zurückzubekommen. Haben alle ihr Spielzeug wieder, sprechen Sie gemeinsam darüber:

- Wie ist es dir ergangen, als jemand etwas von dir hatte, das dir gehörte und das du wieder haben wolltest?
- Wie hast du dein Spielzeug zurückbekommen?
- Konntest du auf Hauen, Treten, Zerren ... verzichten?
- Wie hat dein Partner reagiert, als du das Spielzeug haben wolltest?
- Was könntest du beim nächsten Mal, wenn dir jemand etwas weggenommen hat, tun, um diese Sache zurückzubekommen? (Die Kinder dürfen gemeinsam ihre Vorschläge zusammentragen und darüber sprechen, ob die Strategie gut oder schlecht ist.)

Nachdem Sie die Fragen mit den Kindern besprochen haben, gibt das andere Kind sein Spielzeug her und versucht, es ebenfalls zurückzubekommen. Beobachten Sie die Kinder genau. Setzen sie ihre gemeinsam erarbeiteten Vorschläge in die Tat um? Versäumen Sie es auch nicht, den Kindern im Anschluss ein kleines Feedback zu geben.

Praxis-Tipp

Rückmeldungen nehmen Kinder oft besser an, wenn sie durch ein besonderes (spielerisches) Medium übermittelt werden. Ein ausrangiertes Mikrofon oder Megafon oder eine Handpuppe können hier gut eingesetzt werden.

Bevor Sie in die Mediation einsteigen ...

Es gibt zwei Arten von Wärme:
Die eine entsteht durch Nähe,
die andere durch Reibung.
(Jesper Juul)

Kinder geraten in den unterschiedlichsten Situationen in Konflikt. Nicht jede Situation kann und muss nach den 5 Schritten der Mediation (siehe S. 128) bearbeitet werden. Manchmal sind Kinder einfach schnell in der Lösungsfindung und schon nicht mehr mit dem vorhergehenden Problem beschäftigt – sie spielen längst schon wieder einträchtig miteinander, bevor Sie überhaupt andenken konnten, mit ihnen den 5-schrittigen Prozess einer Mediation zu durchlaufen.

Manchmal wird es Ihnen auch passieren, dass es Ihnen wichtig wäre, eine Situation zu bearbeiten, die Zeit dazu aber gerade fehlt. Hier empfiehlt es sich, die Ausgangssituation kurz zu notieren und sie dann – verpackt in einem kleinen Rollenspiel – in einem der nächsten Morgenkreise durchzuspielen. Die Kinder, die an dem besagten Konflikt beteiligt waren, werden sich sicher daran erinnern und besonders gut zu hören.

Die **Rollenspiele** können die Kinder selbst spielen, ganz besonders interessant wird es jedoch, wenn Handpuppen die Rollen übernehmen und die zwei Streitparteien darstellen. Mit Hilfe der **Handpuppen** lässt es sich auch sehr gut über Grundsatzregeln diskutieren, die im Streit der Kinder vielleicht verletzt worden sind. Alle Kinder können hier über mögliche Lösungen diskutieren und die Entscheidung gemeinsam tragen.

Und auch die Rolle des Mediators wird leichter angenommen, wenn diese von einer Handpuppe übernommen wird. Zuerst können Sie die Puppe als Vermittler auftreten lassen, später kann dies natürlich auf Wunsch auch ein anderes Kind übernehmen.

Praxis-Tipp

In meiner praktischen Arbeit hat sich gezeigt, dass Kinder sehr unterschiedlich auf Puppen reagieren – erfahrungsgemäß empfiehlt es sich, immer eine weibliche oder männliche Handpuppe zur Verfügung zu haben. Ich habe schon eine Situation erlebt, in der sich zwei Jungen nicht von meiner Handpuppe Lisa helfen lassen wollten, weil Lisa „ja ein Mädchen ist". Sie können aber auch auf Tiere ausweichen, die nicht so sehr mit einem Geschlechtsstereotyp behaftet sind, zum Beispiel eine Robbe, Eule o. Ä.

Wir sind nicht einer Meinung, aber wir können Konflikte lösen!

5 Schritte der Mediation

Die folgenden Symbole sollen den Kindern helfen, die Reihenfolge eines Streitgesprächs einzuhalten:

  1 Streit, Achtung! Lass ihn uns gemeinsam lösen!

  2 Erzähl mir, wie es für dich war, und höre zu, was ich dazu sagen möchte!

  3 Versuche, mit mir eine Lösung zu finden!

  4 Entscheide dich mit mir: Was möchten wir tun?

 5 Nun wollen wir uns wieder vertragen!

💡 Tipp

Übertragen Sie die Symbole am besten jeweils auf DIN-A5-Größe. Die Kinder können sie noch bemalen, und dann laminieren Sie sie. Ob auf einem Umblätterkalender platziert, auf dem Boden oder an der Wand – das ist Ihnen selbst überlassen.

Streiten, aber fair!

So führen Sie die Symbole ein

Damit die Kinder mit Hilfe der Symbole einen sicheren Weg zur Konfliktlösung erlernen, müssen sie die einzelnen Schritte einer Konfliktlösung ganz genau verstehen. Dazu empfiehlt es sich, die einzelnen Symbole mit den Kindern zu erarbeiten: Was bedeuten sie? In welcher Phase des Streitgespräches befinden wir uns bei jedem Symbol? Was ist nun zu tun? Wie geht es weiter? Natürlich braucht es einige Durchgänge, bis die Kinder sich orientieren können, aber im Laufe der Zeit werden sie immer sicherer und selbstbewusster. Hier ein paar Vorschläge, wie Sie die Symbole erklären könnten:

- **Gewitterwolke**: Ein Streit ist oft wie ein Gewitter: Unsere Laune ist düster, wir grollen mit unserer Stimme, und manchmal verschicken wir auch Blitze. Gewitter können auch Angst machen. Wir brauchen eine Lösung, damit die Sonne wieder scheinen kann …

- **Mund und Ohr:** Wenn wir gemeinsam eine Lösung für unseren Streit finden wollen, müssen wir genau zuhören, was der andere sagt. Ein Kind darf sprechen (mit seinem Mund), und das andere Kind darf zuhören (mit seinem Ohr), was das andere Kind sagt. Dann wird getauscht.

- **Lupe:** Wir brauchen Vorschläge, um eine Lösung für unseren Streit zu finden. Wie ein Wissenschaftler mit der Lupe machen wir uns an die Arbeit, um so eine Lösung zu finden.

- **Wegweiser:** Wir haben verschiedene Möglichkeiten gefunden, um unseren Streit zu lösen, aber welchen Weg wollen wir gemeinsam gehen?

- **Hände:** Haben wir uns für einen gemeinsamen Weg entschieden, können wir uns zur Versöhnung die Hände reichen.

Wir sind nicht einer Meinung, aber wir können Konflikte lösen!

Weitere Praxisimpulse

Vers vom Vertragen

Der Erste sagt: „Es tut mir leid!"
Der Zweite sagt: „Das war nicht gescheit!"
Der Dritte sagt: „Entschuldige sehr!"
Der Vierte sagt: „Ich tu's nicht mehr!"
Der Kleine aber meint gewandt:
„Zur Versöhnung reich ich dir die Hand!"

Das Lied vom Teilen

Melodie: Alle Vögel sind schon da
Text: Bernadette Grießmair

Alle Kinder teilen heut,
teilen ihre Sachen.
Puppen, Legos, Ball und Boot,
und vielleicht das Frühstücksbrot?
Teilen, teilen, das macht Spaß,
dann hat jeder auch was.

Aber nicht nur Sachen teil'n,
macht den Kindern Freude.
Basteln, singen, lustig sein,
freundlich zueinander sein.
Teilen, teilen, das macht Spaß,
dann hat jeder auch was.

Buchtipps

Bilderbücher:

Abedi, Isabel:
Blöde Ziege. Dumme Gans. ars edition, 2009.
ISBN: 978-3-7607-2985-5

Carolat, Greta:
Beste Freunde teilen ALLES, Buddy Bär! Arena, 2012.
ISBN: 978-3-401-09819-7

McKee, David:
Du hast angefangen! Nein du!
Sauerländer, 2011.
ISBN: 978-3-7941-5290-2

Merz, Christine:
Selber doof! Richtig streiten ist nicht schwer. Kerle, 2008.
ISBN: 978-3-451-70651-6

Zöller, Elisabeth:
Du hast angefangen! Vorlesegeschichten vom Streiten und Sich-Vertragen. Ellermann, 2005.
ISBN: 978-3-7707-5962-0

Fachbücher:

Cierpka, Manfred:
FAUSTLOS – Wie Kinder Konflikte gewaltfrei lösen lernen. Das Buch für Eltern und Erziehende. Herder, 2011.
ISBN: 978-3-451-28557-8

Faller, Kurt:
Kinder können Konflikte klären.
Mediation und soziale Frühförderung im Kindergarten. Ökotopia, 2002.
ISBN: 978-3-936286-03-8

Kain, Winfried:
KLIK – Konflikte lösen im Kindergarten. Ein praxiserprobtes Trainingsprogramm zur Konfliktbewältigung für Kinder von 5-7 Jahren. Cornelsen Verlag Scriptor, 2006.
ISBN: 978-3-589-25320-3

Van Dieken, Christel:
Richtig streiten lernen. Neue Wege der Konfliktbewältigung unter Kindern. Lambertus, 2004.
ISBN: 978-3-7841-1470-5

Wir sind nicht einer Meinung, aber wir können Konflikte lösen!

 ## So kommen Sie ins Gespräch

- Als ich einmal (nicht) nachgegeben habe …
- Als ich einen Streit alleine gelöst habe …
- Als ich jemandem gut zugehört habe, der nicht meiner Meinung war …
- Mein schlimmster Streit …
- Als jemand ganz wütend auf mich war …
- Als ich zu Unrecht beschuldigt wurde …

Ein Stundenvorschlag

Alter: 4–6 Jahre
Zeit: 40 Minuten

Das lernen die Kinder in dieser Stunde:

- Sie erkennen, dass jeder unterschiedliche Wünsche hat.
- Sie versuchen, anderen ihre Bedürfnisse näherzubringen.
- Sie lernen, dass man in bestimmten Situationen auf etwas verzichten muss.
- Sie lernen das andere Kind als gleichberechtigt kennen.

Zum Stundenablauf:

Zeit	Aktivität	Material
10 Min.	**Einstieg:** Sprechen Sie mit den Kindern über ihr Befinden: Wie geht es mir heute, wie fühle ich mich? Mit einem Softball können die Kinder ihre momentane Befindlichkeit ausdrücken, indem sie ihn an die Wand prellen (wütend, müde, gemütlich etc.)	Softball
25 Min.	**Spiel:** Spielen Sie das Spiel „Schiffbruch".	Spiel (S. 119)
5 Min.	**Abschluss:** Singen Sie „Das Lied vom Teilen".	Lied (S. 130)

Medientipps

Literatur

Hartmann, Luisa:
30 Streitgeschichten. 3-Minuten-Geschichten für den Morgenkreis. Verlag an der Ruhr, 2008.
ISBN 978-3-8346-0421-7

Jüngling, Christine:
Vom Streiten, Quengeln und Vertragen. albarello, 2011.
ISBN 978-3-86559-066-4

Tsalos-Fürter, Ellen; Bartoli y Eckert, Petra:
Geschichten vom Dazugehören. 5-Minuten-Mitmach-Geschichten für Kita-Kinder. Verlag an der Ruhr, 2012.
ISBN 978-3-8346-0923-6

Tsalos-Fürter, Ellen; Bartoli y Eckert, Petra:
Geschichten vom Wütend-Sein. 5-Minuten-Mitmach-Geschichten für Kita-Kinder. Verlag an der Ruhr, 2011.
ISBN 978-3-8346-0824-6

Links

http://www.familie.de/artikel/streit-regeln-fuer-kinder/
Auf dieser Seite finden Sie Anregungen zum Thema Streit. Welche Regeln helfen einen Streit zu schlichten? Grundlegende Regeln, die Ihnen und den Kindern im Alltag helfen können, finden Sie hier.

http://www.familienhandbuch.de/cms/Haeufige_Probleme-Streit.pdf
Der Fachartikel von Renate Valtin befasst sich mit dem Thema Streit und damit, was Kinder über Streit und Konfliktlösung denken.

Alle in diesem Werk angegebenen Internetadressen haben wir geprüft (Stand November 2012). Da sich Internetadressen und deren Inhalte schnell verändern können, ist nicht auszuschließen, dass unter einer Adresse inzwischen ein ganz anderer Inhalt angeboten wird. Wir können daher für die angegebenen Internetseiten keine Verantwortung übernehmen.

Endnotenverzeichnis

[1] Petermann, F; Wiedebusch S.:
Emotionale Kompetenz bei Kindern. In: Klinische Kinderpsychologie. Hogrefe Verlag, 2003.

[2] Kain W., u.a.:
Klik- Konflikte lösen im Kindergarten. Cornelsen Verlag Scriptor, 2006.

[3] Murphy- Witt., M.:
Ich allein ... und wir gemeinsam – wie Kinder lernen fair miteinander umzugehen. Christophorus Verlag, 2005.

Danksagung

Ich bedanke mich herzlich bei allen pädagogischen Fachkräften des Kindergartensprengels Mühlbach, die sich gemeinsam mit mir auf den Weg gemacht haben, dem sozialen Lernen in ihren Kindergartengruppen mehr Gewicht zu geben. Die Spiele und Praxisvorschläge sind allesamt erprobt worden und haben, laut Rückmeldungen der pädagogischen Fachkräfte, ihnen als Erwachsene die Augen geöffnet, wo und wann im Alltag soziales Lernen stattfinden kann.

Postfach 10 22 51
45422 Mülheim an der Ruhr

Telefon 030/89 785 235
Fax 030/89 785 578

bestellungen@cornelsen-schulverlage.de
www.verlagruhr.de

Es gelten die Preise auf unserer Internetseite.

■ **Geschichten vom Nein-Sagen**
Aktive Gefühlsgeschichten zum Vorlesen und Weitermachen
Petra Bartoli y Eckert, Ellen Tsalos-Fürter
3–6 J., 103 S., 16 x 23 cm, Paperback
ISBN 978-3-8346-0605-1

■ **Weg mit der Wut!**
101 Spiele zur Konflikt- und Gefühlsbewältigung
Petra Bartoli y Eckert,
Ellen Tsalos-Fürter
3–6 J., 112 S., 16 x 23 cm, Paperback
ISBN 978-3-8346-0830-7

■ **Zusammenhalten in der Kita**
Starke Spiele, die Vertrauen und Gemeinschaft fördern
Petra Bartoli y Eckert, Ellen Tsalos-Fürter
3–6 J., 112 S., 17 x 24 cm, Paperback
ISBN 978-3-8346-0931-1

■ **Selbstvertrauen entwickeln**
Starke Spiele für starke Kita-Kinder
Bettina Theißen
3–6 J., 104 S., 17 x 24 cm, Paperback
ISBN 978-3-8346-0932-8

Keiner darf zurückbleiben!